品质课程聚焦丛书

王雪梅　杨四耕　主编

语文学习维度与学科课程设计

刘文芬◎主编

全国教育科学"十三五"规划课题

"区域推进中小学品质课程建设的实践研究"

（课题编号 FHB180571）之研究成果

华东师范大学出版社

·上海·

图书在版编目（CIP）数据

语文学习维度与学科课程设计 / 刘文芬主编. —上海：华东师范大学出版社，2022
（品质课程聚焦丛书）
ISBN 978-7-5760-2592-7

Ⅰ.①语…　Ⅱ.①刘…　Ⅲ.①中学语文课–课程设计
Ⅳ.①G633.302

中国版本图书馆CIP数据核字（2022）第042390号

品质课程聚焦丛书

语文学习维度与学科课程设计

丛书主编　王雪梅　杨四耕
主　　编　刘文芬
责任编辑　刘　佳
特约审读　施寿华
责任校对　朱　虹　时东明
装帧设计　卢晓红

出版发行　华东师范大学出版社
社　　址　上海市中山北路3663号　邮编 200062
网　　址　www.ecnupress.com.cn
电　　话　021-60821666　行政传真 021-62572105
客服电话　021-62865537　门市（邮购）电话 021-62869887
地　　址　上海市中山北路3663号华东师范大学校内先锋路口
网　　店　http://hdsdcbs.tmall.com

印 刷 者　杭州日报报业集团盛元印务有限公司
开　　本　787×1092　16开
印　　张　12.75
字　　数　115千字
版　　次　2022年4月第1版
印　　次　2022年4月第1次
书　　号　ISBN 978-7-5760-2592-7
定　　价　42.00元

出 版 人　王　焰

（如发现本版图书有印订质量问题,请寄回本社客服中心调换或电话021-62865537联系）

丛书总序

自2015年以来，我们在合肥市蜀山区推进"品质课程"项目，致力于学校课程文化变革，改变区域课程改革生态。这些年，我们深刻地感受到，课程是一种文化存在，文化是课程的存在方式和存在本身。

怀特海指出，过程是世界万物固有的本性。[①]在他看来，"事件"和"事物"不同：事件是唯一的，是不可重复的；而事物则是自然之物，是永恒的。[②]据此，我们认为，课程文化不仅仅是事物的集合，更是事件的生成。我们可将课程文化理解为事件之展开而非仅仅是事物之集合，由此所展现的将是课程文化要素、课程文化形态、课程文化主体共同构成的一幅立体兼容的文化图景。

从"事物"角度看，课程文化是课程形态和课程实践蕴含的价值、信仰、规范以及语言等文化要素的合生体，这些文化要素构成了课程文化的基质。因此，课程文化是一种信仰、一种语言、一种规范、一种眼光、一种思维方式、一种处理问题的方式，它们具体表现为课程精神文化、行为文化、制度文化以及物质文化。课程文化要素的相互摄入以及微观生成，构成学校课程文化变革的内在过程。在怀特海看来，把具体要素据为己有的每一过程叫作摄入。[③]"摄入"理论从微观层面说明了现实存在自我生成的内在机制。

课程精神文化、行为文化、制度文化以及物质文化诸要素相互摄入进而存在于另一存在之中，成为相互依存的合生体。在这个合生体中，课程精神文化是最核心的、最深层的、根部性的文化要素，是课程物质文化、制度文化与行为文化的价值凝练和理念引领。课程制度文化是具有中介性质的文化，它联结课程物质文化和行为文化，既是课程物质文化的制度保证，又是课程

---

① 怀特海.过程与实在：宇宙论研究（修订版）[M].杨富斌，译.北京：中国人民大学出版社，2013.

② 陈奎德.怀特海哲学演化概论[M].上海：上海人民出版社，1998.

③ 杨富斌，等.怀特海过程哲学研究[M].北京：中国人民大学出版社，2018.

行为文化的规约机制。课程行为文化是课程文化的表现，既受课程精神文化的直接影响，又受课程制度文化的现实规范。课程物质文化处在表层，是课程精神文化、课程行为文化和制度文化的空间和载体。如此，课程文化诸要素相互摄入、相互作用，共同构成课程文化的深层结构。

课程文化变革过程包含"物质性摄入"与"概念性摄入"，①这两种摄入是多维关联的重构过程，其中微观生成是生动活泼而丰富多彩的。一般地说，学校课程文化诸要素之间的相互摄入，其中课程精神文化居于核心地位，它体现于其他各要素之中。课程文化变革可以从课程文化的部分要素开始，以点带面，但要实现课程文化彻底转向，或要真正提升学校课程品质，就必须整体协调课程文化之各要素，就要以"文化的眼光"或"思维方式"进行这种摄入行动的思考和判断。

以上是课程文化的"事物观"及其变革机理。在这里，我想再说一个观点，那就是：课程文化不是简单的要素组合，而是一个展开的事件。正如巴迪欧在《存在与事件》一书中所言：真理只有通过与支撑它的秩序决裂才得以建构，它绝非那个秩序的结果；我把这种开启真理的决裂称为"事件"；真正的哲学不是始于结构的事实（文化的、语言的、制度的等），而是仅始于发生的事件，始于仍然处于完全不可预料的突现的形式中的事件。②从"事件"角度看，课程文化是一个不可能重复出现的生成过程，处于不断运动变化之中。作为"事件"的课程文化之真理即是在完整的课程实践中成就人、发展人和完善人。

课程文化是学校里公开的或隐蔽的信念、行为、习惯和价值观等要素相互"包含""进入""创造""构成"的"合生"事件，它融合了课程的物质和精神两个层面的意涵，它不仅包含课程意识、课程理念、课程价值等内隐的精神文化形态，而且包含学校课程实践过程中所创造的课程物质、课程制度以及课程行为等外显的文化形态，是诸要素相互参与和多维互动的创造过程，是"事件"的生成与发生过程——因为"文化的每一个方面都是一个能够改

---

① 怀特海认为，对现实存在的摄入——其材料包含着现实存在的摄入——叫作"物质性摄入"；对永恒客体的摄入叫作"概念性摄入"。参阅：杨富斌，等.怀特海过程哲学研究［M］.北京：中国人民大学出版社，2018.

② Alain Badiou. Being and Event［M］. London: Continuum International Publishing Group, 2006.

变文化的创造源，都是非常主动的创造性力量"①。

一种文化首先意味着一种眼光，眼光不同，对所有事情的理解就不同。②课程文化是我们做事的眼光、处事方式或思维习惯，是生长着的"事件"，是我们理解课程实践、推进课程变革的眼光。当然，课程文化虽然是一个"事件"，但在本体论意义上，课程文化仍然是一种不易感知的实在。人类学家指出，人们一般意识不到他们身边的文化，因为此类文化表现为平常的生活，表现为看上去正常和自然的东西。文化以无意识的状态或者说未被检查的状态悄悄地让我们做出选择、进入生活。③

但是，这并不妨碍我们认识课程文化，我们仍然可以用智慧感知课程文化的存在，我们仍然可以用眼睛捕捉课程物质文化、制度文化、行为文化和精神文化。课程物质文化是以物质形态存在的设施和空间，这是课程文化赖以存在的物质基础与场域条件；课程制度文化是学校制定的规约课程实践的活动程序和价值规范，是学校课程变革过程中形成的价值体系和活动规则；课程行为文化是行为主体在长期的课程实践过程中形成的处理课程事务的一以贯之的行为方式，这种行为方式具有长期稳定性、潜意识性和无需提醒等特点；课程精神文化是学校课程文化的核心，是主导学校课程实践的理念和精神，通常会借助富有哲理的语言加以概括。这些课程文化要素，我们可以"看见"它们的合生性存在，也可以"分辨"它们的原子性存在。

我们的结论是：课程与文化有着天然的血肉联系，凡是课程变革一定是文化变革，没有文化内核的课程变革很难取得成功；文化变革需要课程建设支撑，没有课程支撑的文化变革是不可思议的。怀特海指出，现实存在就是合生，每一个现实存在都不是只有一种元素的简单的存在，不是原子论意义上的存在，而是由诸多要素构成的合生或有机体。④在学校课程变革过程中，课程与文化二者"合生"即生成课程文化。课程与文化的"合生"设计，是学校课程文化变革的重要方法。

在具体操作上，推进学校课程文化变革有两条道路可供选择。第一条道

---

①② 赵汀阳.赵汀阳自选集［M］.桂林：广西师范大学出版社，2000.

③ 约瑟夫，等.课程文化［M］.余强，译.杭州：浙江教育出版社，2008.

④ 怀特海.过程与实在：宇宙论研究（修订版）［M］.杨富斌，译.北京：中国人民大学出版社，2013.

路是自上而下的演绎道路，实现从文化概念到课程设计的"合生"。首先确定学校课程哲学，包括学校课程理念、课程愿景、育人目标和课程目标。其次，厘定学校育人目标和课程目标。再次，梳理学校课程框架，设计学校课程内容。复次，活跃学校课程实施，使课程功能最大化。最后，把握学校课程评价和管理。如此，课程文化建设是从文化概念建构开始的，由此展开学校课程整体规划，实现从文化概念到课程设计的"合生"。

第二条道路是自下而上的归纳道路，实现从课程实践到文化逻辑的"合生"。学校课程文化建设实际上也是学校文化决策过程，每一所学校都有自己的文化背景，包括周边的文化资源、历史传统、现实经验，这是学校课程文化变革的客观基础，也是学校课程哲学生长的土壤，"土质"的不同导致学校课程哲学追求的不同。在分析学校课程情境的基础上，对学生的需求进行调查，了解现有课程的实施情况，发现学校课程中存在的问题；根据学校课程情境分析和学生需求调查，形成学校课程哲学，明确学校的育人目标和课程目标；基于课程价值需求分析，建构学校课程框架与体系；布局学校课程实施的多维途径和多种方式，确保课程实施的有序与有效；制定一套课程管理制度，保障课程变革顺利推进；制定一套评估方法，对课程品质进行评估。这是由课程实践到文化逻辑的"合生"过程。

合肥市蜀山区"品质课程"项目实践表明，学校课程文化变革可以是演绎式，也可以是归纳式。演绎式可理解为"概念先行——实践验证"方式；归纳式可理解为"实践探索——归纳提升"方式。课程是具有情境性和价值负载的文本，学校课程文化变革宜采取"理论、研究与实践互动"的方式。这种方式不完全依赖于概念或理论，也不脱离学校实际情境。在学校课程实践中，以学校课程情境为基础，以课程的实际问题为切入点，以理论为指导，以概念为圆心，边研究边行动，在实践中总结提炼，又在实践中加以验证与改造，在理论与实践的互动互补、碰撞对话中生成学校独有的课程文化框架。

马克思说："全部社会生活在本质上是实践的。凡是把理论引向神秘主义的神秘东西，都能在人的实践中以及对这种实践的理解中得到合理的解决。"[①] 合肥市蜀山区"品质课程"项目探索告诉我们：实践是课程文化价值实现的

---

① 马克思恩格斯选集（第1卷）[M].中央编译局，译.北京：人民出版社，1995.

根本途径，是推进学校课程文化变革的关键力量。学校课程文化变革必须为行动提供充分的理据，从而使得行动趋于合理化，增强学校文化变革的认同感和一致性。在某种意义上，这也是一种文化自觉。

杨四耕

2021年2月5日于上海市教育科学研究院

目录

　　语文与生活，水乳交融。体悟蕴藏在文字背后的"纯真"，唤醒生命初始所拥有的精神状态，荡涤杂质，领略世界深邃后的清澈，这样与外界相处，何其优雅！如此，"纯美语文"便是一叶扁舟，翛然游于澄澈的湖面；如此，"纯美语文"便是一弯明月，淡然地映照在宁静的心灵。

　　古人常追求"天人合一"的至高境界，其指人和自然本质相通，当人能在自然中体验感悟，顺乎其规律，便能达到人与自然和谐统一，浸润于美的境界了。不同样式文学作品的阅读体验，像柔软的叶托举着绚烂绽放的花朵，像涓涓细流缓缓汇入无垠的江海，为学生植入富有生机的思想，丰盈学生的精神世界。

第三章　　语文与创造：凝视现实的投影　　—— 45

语文与创造，相辅相成。语文学习能开阔视野、开放心态、创新思维；创造性地运用语言表达交流，能为语文学习注入鲜活的力量。"情景语文"让学生的眼眸透过书页投射到现实生活中，引导学生深思现实，激发他们的求知欲望与探究精神，从而实现创造性地表达。

第四章　　语文与思维：品味语言内蕴的醇香　　—— 69

语文与思维，如影随形。"人是一根有思想的芦苇"，思维力是一种让人克服软弱、直面苦难的生命韧劲。"致真语文",让孩子沉浸在语言文字的海洋,品味语言深刻的内蕴,汲取文章深邃的思想,感知世间丰盈的情感。如此,"致真语文"便能赋予学生真知灼见,孕育其人格的醇香。

第五章 语文与想象:仰望语文的浩瀚星空 —— 93

"梦想语文"是脚踏实地的语文,是插上想象之翼的语文。思之所至,可上下数千年,纵横几万里,海阔天空,百川汇聚。关注"梦想"的语文课堂,是善于运用文字雕琢想象世界的课堂。书中记录的不曾到过的远方,模糊泛黄的远古面目,高山仰止的人格山川,离奇玄远的神话世界……人类文明史上确乎存在,未来可能出现的一切,是语文星空中或明或暗的群星。仰望,遐思,梦想就不经意间开始勾勒出它的轮廓。

第六章　　语文与智慧：绽放语文学习的智慧之花　　—— **115**

学习语文的岁月，是一条长河，深深浅浅，都是有关智慧的歌。语文，是一种智慧；语文学习，其实是智慧的挑战。一首小诗，几行句子，是语文思维的碰撞，是读者与作者情感的共鸣。这些收获与恒久的智慧有关，却又蕴含着灵动的意味。我们学语文，是语言在我们的心中开一朵别样的花朵，让世界为它赋彩。

第七章　　语文与文化：探寻文化的强大根系　　—— **139**

如果说中华五千年璀璨的文明，犹如焕发着强大生命力的参天大树，那么，语文学习无疑是我们沿着蓊郁的枝叶、遒劲的枝干去探寻其深邃发达的根系的重要方式。文学史上一个个不曾褪色的名字，标记着华夏民族的精神坐标；一篇篇佳作蕴藏的精神力量，装点着泱泱大国的星空。从文化维度学语文，方知其博大精深、永恒长青。

世界是多彩的，不同的色彩被赋予不同的含义。文学的世界里同样以语言为画笔，饱蘸作者的情感色彩，绘制出一幅幅意蕴丰富、斑斓多姿的画卷。其中有《千里江山图》般的壮阔，有《蒙娜丽莎》似的神秘；有时写意畅快，有时工笔细琢。在学习语文的过程中，慢慢找到属于你的人生色彩，使之丰富而烂漫。这，便是语文之多彩⋯⋯

后　记　　　　　　　　　　　　　—— **177**

前言　找到远方，前行……

我国语文课程的建设历程虽然短暂而曲折，但依托中华民族语言文字的深厚土壤，渐次生长、发芽，长出浓荫，绽放出千姿百态、芬芳各异的花朵。语文课程建设更是一个动态的过程，就像远行，只有找准方向，才能使脚步更加坚实。

合肥市蜀山区为了提升语文课程的品质，开展了一系列学科课程群的建设工作。其中最重要的成果，莫过于结合学习维度理论，从本区域中学语文教学实践出发，以"蜀山语文课程维度"为"远方"，求索、建构、实施、完善，让蜀山语文踏上了散发着新鲜气息的崭新高地。

美国著名课程改革专家罗伯特·马扎诺提出"学习维度论"，将学习分为"态度与感受""获取与整合知识""扩展与精炼知识""有意义地运用知识""良好的思维习惯"五个重要维度，这一理论在美国基于课程标准的教学改革中起到了积极作用。蜀山区依据该理论，结合本区语文教学实践，探讨学科课程建设的方向，建构起系列语文课程群，并取得一定的成果。

《普通高中语文课程标准（2017年版）》指出语文学科的"课程目标"是让学生"在语言建构与运用、思维发展与提升、审美鉴赏与创造、文化传承与理解几个方面都获得进一步的发展；坚定文化自信，自觉弘扬社会主义核心价值观，树立积极向上的人生理想，为全面发展和终身发展奠定基础"。[①]已从不同维度对语文课程的培养目的进行明确而凝练的阐释。蜀山语文课程群从中提取出本地区语文课程建设的"关键词"，形成了维度鲜明、特点突出、范式典型的八个课程群。它们分别为语文与生活维度、语文与体验维度、

① 中华人民共和国教育部.普通高中语文课程标准（2017年版）[S].北京：人民教育出版社，2018：11.

语文与创造维度、语文与思维维度、语文与想象维度、语文与智慧维度、语文与文化维度、语文与审美维度。综观这些课程，不难看到"蜀山语文人"在课程建设上孜孜以求的精神与理想。细细品读，可以看出不同的课程有着共同的追求——学生语文素养的全面形成与提升。这一追求如潺潺源泉潜流于课程的处处，蕴藏着"蜀山语文人"深厚的育人情怀。

语文与生活维度。关注生活，联系生活，蜀山语文课程群极大地扩展了语文学习的空间。"和美语文"课程强调语文学习应当贴近时代的脉搏，应当触摸社会的体温，应当投以观察现实的目光，应当赋予"兼济天下"的胸襟与抱负。"蜀山语文人"精心编织着自然与人文、课堂与社会经纬相交的空间，让学生在开阔无垠的语文天空自在翱翔，采撷文字记录的璀璨，闪烁人类文明星辰。

语文与体验维度。学习维度论认为"态度与感受影响着人的学习能力"①，一个成熟的课程群，必然是充分尊重学生的个体体验，让学生能以最佳的态度与最愉悦的感受沉浸在学习中的课程。"和美语文"倡导让青少年"披文以入情"（刘勰《文心雕龙·知音》），以自己的知识与体验"沿波讨源"（陆机《文赋》），体悟作品幽微的情感，窥见作者精神生命的耀眼光辉。

语文与创造维度。在语文学习中创设情景，不是简单的复制生活，而是在特定的情境中让学生学会文明得体地表达，也能够试着将文字作品复归其时代，理解其深刻的意蕴、特殊的烙印。创设不是还原，创新才是其更高的追求。"情景语文"让学生如临其境，如闻其声，以此激发学生的求知欲与创造力，树立强烈的创新自信。

语文与思维维度。"人是一根有思想的芦苇"，思维力是让人克服软弱、直面苦难的生命韧劲。学生在语文学习中所要获得的，恰恰是以语言文字形式传递出的精神力量，以及获得这种力量的思考过程。"蜀山语文人"深知语文思维能力的培养有助于推动孩子心灵更高层次的发展，因此，"语文思维"贯穿"致真语文"课程设计的始终，渗透于课程建设的各个方面。

语文与想象维度。孩子的想象力是无穷的。星月以上，厚土之下，花卉的心情，昆虫的语言，都是他们想象世界里无垠的边疆、丰富的万象。如何

---

① 马兰，盛群力."学习维度论"要览［J］.上海教育科研，2004（09）：35-38.

用语言文字释放他们的潜能，为美好的想象插上翅膀，让它从脑中跃然纸上，是"梦想语文"的目标设计的重要维度。

语文与智慧维度。文学的海洋有形态各异的波澜，文学的题材源于社会生活的方方面面，兼及历史、哲学、自然科学、音乐、绘画等等。但"灵慧语文"课堂始终将学生语文素养放在核心位置，坚持语文课堂的"本色"，用语言文字作为学生的精神成长的原生动力，即启迪智慧的原点。灵动、智慧的语文课堂让学生的思想跃动如轻快的旋律，在文字的世界里谱写出和谐、清亮的乐章。

语文与文化维度。"寻本课程"立足本土优秀文化，在时间轴上漫溯，构建优秀传统文化的现代学习方式。在这里，你可以走进"诗路花语"，感受古老的诗歌国度永恒的韵律与意境的馨香；在这里，"舌尖上的精彩"特色课堂让你惊叹于传统美食激发的文字灵感；在这里，"畅猜灯谜"活动让你恍若置身旧时巷陌，花灯如山，墨香中氤氲着古人的智慧；在这里，"雅言雅诵"大赛竞相传诵的是先哲深沉而辽阔的气象。

语文与审美维度。不同的学习空间填充着不同的生命色彩，"多彩语文"带领孩子们欣赏世界的多样之美——"绿色语文"走近自然，感受梭罗在《瓦尔登湖》中描述的鲜活如诗歌、渊博如图书的大地；"橙色语文"走进浅橙阳光下的街衢，在刚出笼的馒头热腾腾的白色雾气中，在刚拎回的翠油油的青菜的露珠间品咂尘世暖意；"红色语文"走近革命圣地，让不曾冷却的爱国激情与卫国勇气在体内播撒下红色基因，让心潮随着国家的繁荣向前而澎湃着……

当课程设计有了维度，蜀山语文课程群就不仅仅是某个单纯、复制的存在，而是在一定关系中理念与实践统一的整体；当我们丰富课程设计的维度，它就注入了"蜀山语文人"的实践温度与思考深度。

不同的维度让课程群如逶迤的山峦、晦明的烟霞，在和谐的群像中折射出个性的神采。

语文课程群的维度建设，是提升语文课程品质的重要路径。"蜀山语文人"坚韧实践，不懈求索，孜孜探寻语文课程发展的方向。维度的明确，是远方渐趋明亮的光，引领着蜀山语文课程不断前行……

第一章

语文与生活，水乳交融。体悟蕴藏在文字背后的"纯真"，唤醒生命初始所拥有的精神状态，荡涤杂质，领略世界深邃后的清澈，这样与外界相处，何其优雅！如此，"纯美语文"便是一叶扁舟，翛然游于澄澈的湖面；如此，"纯美语文"便是一弯明月，淡然地映照在宁静的心灵。

语文与生活：
与世界优雅相处

陶行知先生说："生活即教育。"生活是语文教育的重要支点，语文学习应贴近生活。语文的本质与人的生活密切相关。人的语言跟人的生活、人的世界是一致的，人的心灵就栖居在语言中。语文教育自然应当植根于生活，让孩子从实际体验中获得语文学习最鲜活的动力。

语文与生活可以从以下几个方面建立联系：一是让生活为语文学习提供源泉，将生活素材导入语文学习，实现文本教材的生活化、教学资源的广泛化、教学方式的灵活化；二是让实践成为语文教育的有效方式，让自然和社会都成为语文教育的载体，让语文课堂成为社会情境的缩微，学生将所学的语文知识运用到实践中，同时在实践中积累语文知识；三是让思考促进语文学习的情感体悟，在经历中充分品味生活百味，与文学作品的意蕴、情志产生共鸣或思辨，克服阅读壁垒，走进作品深处。

语文素养产生于生活，并且完善于生活。语文浓缩着民族的历史，凝聚着民族的心理结构，像空气一样弥漫在生活的四周，塑造着人们的思想、情感、气质、性格、思维方式乃至生活方式。

人诗意地栖居在大地上，生活之美无处不在，文学作品表现的就是生活之美。"纯美语文"力求挖掘文本中的人文因素，以语言文字为载体，培养孩子们生活必备的可贵品质，如勤劳勇敢、正直高洁、谦虚谨慎、感恩奉献等，使学生的精神境界得以升华。诗意的语文生活就存在于平凡、现实的生活中，如课堂生活、班级生活、学校生活、家庭生活、读书生活、自然生活等。

因此，"纯美语文"将"关心当代文化生活，尊重多样文化，吸收人类优秀文化的营养，提高文化品位"作为重要的课程目标，希望通过学校语文课程加深学生对祖国历史的理解、对当下的认识，增强民族自豪感，培养爱国情怀，在生活中陶冶情操、砥砺道德、摆脱庸俗、提高境界。

纯美语文：让生命流淌纯美的音符

合肥市颐和中学语文学科组共有专任教师14人，其中有安徽省"教坛新星"1人，高级教师3人，合肥市骨干教师1人，蜀山区骨干教师2人。多人多次在国家、省、市、区各级优课、优质课、基本功大赛中获奖。师资队伍优良，结构合理。按照学校制定的"怡美"课程理念，教研组认真开展教研活动和备课活动，充分发挥团队合力。我们依据《教育部关于全面深化课程改革落实立德树人根本任务的意见》《义务教育语文课程标准（2011年版）》，推进我校"纯美语文"课程群建设，取得了可喜的成效。

第一节

让生命流淌和谐的音符

一、学科性质

"语文课程是一门学习语言文字运用的综合性、实践性课程。义务教育阶段的语文课程，应使学生初步学会运用祖国语言文字进行交流沟通，吸收古今中外优秀文化，提高思想文化修养，促进自身精神成长。工具性与人文性的统一，是语文课程的基本特点。"①

著名作家冰心说："美的真谛应该是和谐。这种和谐体现在人身上，就造就了人的美；表现在物上，就造就了物的美；融汇在环境中，就造就了环境的美。""纯美语文"就是让语文学习达到至纯至美的境界，让生命流淌和谐纯美的音符。

二、学科课程理念

根据《义务教育语文课程标准（2011年版）》，结合语文学习的现状，我们提出了语文学科的核心理念为"纯美语文"。语文学科有其自身的特征，它是工具性、人文性的统一，这说明了语文学科不仅仅要求学生掌握基本的学科知识，还需要提升学生的语文素养、人文精神。因此，语文教学应该立足学科教学，站在"育人"的高位来展开教学，赋予学生更加长远的眼光和高远的精神境界。基于此，我们的课程建设原则为：让学生在异彩纷呈的语文

---

① 中华人民共和国教育部.义务教育语文课程标准（2011年版）［S］.北京：北京师范大学出版社，2012：2.

世界里培养美好的情感，感悟深邃的思想，积累丰富多彩的文学语言和作文素材，对学生进行潜移默化的人文素质教育；让学生在开放、个性化而有底蕴的语文课堂中，提升语文素养和个人品格，享受语文的纯美。

所谓"纯美语文"，即"纯净灵魂，让生命流淌纯美的音符"的课程。纯美就是纯真而美丽，"纯美语文"就是让学生体味人类生命初始的精神状态，探究没有被尘世沾染的至高无上、清澈而透明的美。具体阐述如下：

"纯美语文"是润泽学生表达的课程。人的心灵寄寓、栖居在语言中。语言是人类最深的印记和标识，生活性、趣味性、应用性可以提高语言学习的效率。"纯美语文"给予学生新鲜、丰富、美好的母语滋养，引领学生在语言文字中反复吟咏，最终使学生自信地表达，并将自身对言语的感悟有滋有味、声情并茂地抒发出来。"纯美语文"如初春之雨，潜移默化地影响学生对世界的感受、思考及表达方式；如夏日暖阳，将心灵的芬芳和柔情折射为优美的文字，让心灵的梦想在纯美的语文世界自由翱翔。

"纯美语文"是培养纯真情怀的课程。语文学习的外延与生活的外延对等。语文素养产生于生活，并且和人一起发展成长于生活。语文浓缩着民族的历史，凝聚着先人的智慧，像空气一样弥漫在生活的四周，塑造着人们的思想、情感、气质、性格、思维方式乃至生活方式。"纯美语文"就是积极挖掘文本中的人文因素，以语言文字为载体，在学生充分感悟文章内涵的基础上，水到渠成地进行思想品德教育，培养他们勤劳勇敢的品格、正直高尚的人格、谦虚谨慎的作风及感恩奉献的美德，使学生的精神境界得以升华。

"纯美语文"是孕育诗意生活的课程。人原本就是"诗意地栖居于大地之上"（荷尔德林语），诗意的语文生活就存在于平凡、现实的生活——课堂生活、班级生活、学校生活、家庭生活、读书生活、面向大自然和社会的生活、自我反思的生活之中。"纯美语文"就是将师生们全部的生活世界诗意化，是来源于现实又高于现实，更具有语文味、文学味、艺术味，因而也更真实更本质的生活世界。这是最理想的学习和运用语文的世界，也是最理想的生活的世界，同时也是最理想的"立人"的世界。

总之，"纯美语文"彰显的是生活本真的美、人性初始的精神状态，蕴涵着生命中最高尚的情怀。"纯美语文"以纯净灵魂的方式锻炼学生的表达能力，培养学生的纯真情怀，让学生懂得诗意的生活，让生命流淌和谐纯美的音符。

谛听精神世界的跫响

"语文课程致力于培养学生的语言文字运用能力，提升学生的综合素养，为学好其他课程打下基础；为学生形成正确的世界观、人生观、价值观，形成良好个性和健全人格打下基础；为学生的全面发展和终身发展打下基础。语文课程对继承和弘扬中华民族优秀文化传统和革命传统，增强民族文化认同感，增强民族凝聚力和创造力，具有不可替代的优势。"①在学生的个人成长中，语文学科要为其广泛地涉猎提供平台，使学生在学习中收获知识，增长见识，同时谛听学生心灵深处的"跫响"，浸润学生的精神世界，塑造学生的品格，使之在学习中不断完善和健全自身修养，做有情怀的中学生。

一、学科课程总体目标

语文学科核心素养主要包括"语言建构与运用""思维发展与提升""审美鉴赏与创造""文化传承与理解"四个方面，从这四个方面出发，结合语文课程标准及语文学科"润物无声，以情怀丰盈灵魂"的课程理念，我们设置了我校语文学科课程总目标：培育热爱祖国语言文字的情感，积极读书，广泛读书，独立读书，积累丰富多彩的文学语言；在发展语言能力的同时，发展思维能力，学习科学的思维方法，逐步养成实事求是、崇尚真知的科学态

---

① 中华人民共和国教育部.义务教育语文课程标准（2011年版）［S］.北京：北京师范大学出版社，2012：1.

度；提升文化品位，促进精神成长，树立并坚守高远的志向，使自己具有更长远的眼光和更高远的情怀。具体而言，我校的语文课程目标如下：

（一）语言建构与运用。从语文学科角度出发，"语言建构与运用"这项核心素养，可理解为出于真诚对话的愿望，准确理解对方的话语形式与话语意图；精确妥贴地运用祖国语言文字表情达意，以进行最有效的交流。在语文课程中，为了提高语言建构能力，就要安排一定数量的能切实操作的语文实践活动，让学生通过实践来自主学习和积累。让学生充分认识到，学好和用好祖国的语言文字，是一种爱国行为，是一个中国人最基本的社会道德，从而建立通用语言文字的规范意识。

（二）思维发展与提升。思维品质反映了每个个体智力或思维水平的差异，主要包括深刻性、灵活性、独创性、批判性、敏捷性和系统性六个方面。优秀的思维品质来源于优秀的逻辑思维能力。语文课程是学生学习运用祖国语言文字的课程，重在培养学生听说读写等多项综合的实践能力。本课程根据学生的身心特征以及思维发展的特点，抓住初中阶段是从感性思维向抽象逻辑思维过渡的关键时期，进行有效的语文实践活动，通过"朗读者""唐诗经典""宋词情韵"等课程，培养学生的良好思维品质。

（三）审美鉴赏与创造。语文课程是汉语与文学的结合体，语文教学以"审美鉴赏与创造"为核心素养，其宗旨就在于满足人性的需求，让学生体验到文学带来的愉悦、情趣，唤醒学生对文学的渴望与热爱，在审美鉴赏过程中培养个性创造力。本课程旨在让学生通过诵读古代诗词，品味古诗文的魅力，了解诗歌的音乐美、绘画美、建筑美，注重积累、感悟和运用，拓展知识面，夯实基础，丰富素养，提高文学作品鉴赏能力，陶冶情操，提高自己的审美能力。

（四）文化传承与理解。文化传承与理解则建立在前三项基本能力之上，是从宏观的文化层面对学生以及语文教学提出的要求，旨在让学生拥有传承传统文化的能力、责任感、使命感。基于此，本课程通过"说文解字""大话西游""听时光飞舞"等课程，认识中华文化的丰厚博大，汲取民族文化智慧；加深对祖国历史的理解，增强民族自豪感和爱国情怀，将科学精神和人文精神结合起来，陶冶情操、砥砺道德、摆脱庸俗、提高境界；关心当代文化生活，尊重多样文化，吸收人类优秀文化的营养，提高文化品位。

二、学科课程年级目标

学生在初中义务教育阶段分成七、八、九三个年级来学习语文学科，年级目标如下：

（一）七年级课程目标：有意识地进行知识迁移，向课外发展，多读、乐读。综合运用多种阅读方法，提升阅读速度，扩大阅读范围，在阅读中能提出自己的见解和看法，并从中获得有益的启示。写作表达要有真情实感，条理清楚，内容丰富。日常交际中，能根据不同的对象和场合文明得体地与他人交流，提高个人修养。通过参与文学社活动，提高自主组织能力，体验合作的快乐、成功的喜悦。在活动中提升自己，使自己拥有长远的眼光、纯美的情怀。

（二）八年级课程目标：欣赏文学作品，初步感悟文字的魅力，品味作品中富有表现力的语言，提升欣赏品位。写作中能根据不同的行文目的选用不同的文体，并遵循格式，学会得体地表达、创意地表达。日常交际中，能清楚、连贯、自信地表达，并且根据需要调整相应的表达内容和表达方式，增强感染力和说服力；针对日常学习生活中感兴趣的问题确定主题，共同讨论，互相启发，多角度、多渠道地获取资料，分析问题并做简单报告，逐步养成深入思考、自主解决问题的习惯。

（三）九年级课程目标：在阅读中能发现文本与文本之间的异同，把握不同的作品风格，同时拓展学识，增长见识，丰富情感世界。写作中能自主优化结构、深化主题、锤炼语言，做到主旨深刻、结构精巧、文采飞扬。日常交际中，能语言生动、观点鲜明地表达出自己的见解，讨论问题时能针对性地发表意见；能就身边的热点问题开展讨论、沟通见解，并且能用文字、图表、图画、照片等系统展示自己的学习成果，提升自身的综合素养，培养纯真情怀，让生命流淌和谐纯美的音符。

第三节

创造语言与生命的和谐之音

语文学科课程的核心价值是学习祖国语言文字运用，促进学生精神成长，我校语文学科课程分为基础类课程和拓展类课程。其中，基础类课程主要培养学生终身发展和适应未来社会所需的基础能力；拓展类课程主要满足学生的个性化学习需求，开发和培育学生的潜能和特长，培养学生的自我认知和自我选择能力。"纯美语文"实现祖国语言文字与学生个体生命的和谐共振，奏响活力涌动的生命之音。

一、学科课程结构

语文课程应当使学生"具有适应实际生活需要的识字写字能力、阅读能力、写作能力、口语交际能力，正确运用祖国语言文字"①。结合我校语文学科课程理念，我们在"纯美阅读""纯美写作""纯美交流""纯美实践"四个方向进行了课程构建（见图1-1）。

下页图中的各版块具体表述如下：

（一）纯美阅读

纯美阅读是指向多样、多元的阅读材料，走进文本深度的美好阅读。语文阅读教学应引导学生钻研文本，在主动积极的思维和情感活动中，加深理解和体验，有所感悟和思考，受到情感熏陶，获得思想启迪，享受审美乐趣。

---

① 中华人民共和国教育部.义务教育语文课程标准（2011年版）[S].北京：北京师范大学出版社，2012：2.

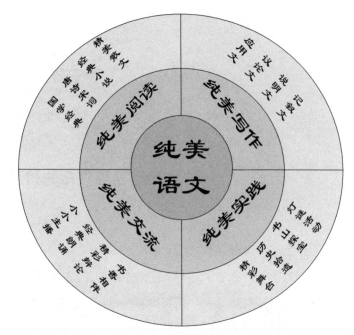

图1-1　"纯美语文"课程结构图

语文阅读能力的提升不能仅仅依靠学校开设的语文课堂，也需要辅之以适当的课外阅读。课外阅读是课内阅读的延伸和发展，这是学生提高自读能力最重要的方式。让学生阅读不同国家的名著、不同类型的书籍可以使他们了解不同国家的文化，拓宽自己的知识面，引发他们阅读学习的兴趣。学生自己去揣摩作者想要表达的情感或是道理，可以对书本有着更深的体会，从而提升自身的阅读能力。

（二）纯美写作

纯美写作是引导学生注意写作要有真情实感，我手写我心，说真话写真情，使学生自信地表达出对生活的独特感受和真切体验。培养学生多角度地观察生活，发现生活的丰富多彩，捕捉事物的特征，让学生在语文世界里积累丰富多彩的文学语言和作文素材，力求有创意地表达。根据表达的中心，选择恰当的表达方式，合理安排内容的先后和详略，条理清楚地表达自己的写作意图。运用联想和想象，丰富表达的内容。写记叙文，做到内容具体；写简单的说明文，做到明白清楚；写简单的议论文，努力做到有理有据；根据生活需要，写日常应用文。培养学生独立完成写作的意识，注重在写作过程中搜集素材、构思立意、列纲起草、修改加工等环节。养成修改自己作文的习惯，做到文从字顺。推进"纯美语文"课程建设，在注重体验的课堂里，对学生进行潜移默化的人文素质教育。

（三）纯美交流

纯美交流是指重视学生的感悟、体会和表达，致力于让学生成为一个善意的倾听者、积极的倾诉者、美好感情的交流者。

以课堂为基础，以综合实践为延伸，以演讲、经典诵读、辩论赛和情景剧等活动为载体，培养学生善于倾听、乐于表达的能力和态度；以学生和学生之间的互动，来达到交换思想意识的目的；以老师和学生之间的互动，引导学生注意交流的对象和场合，注意自己的神情和语气，让学生学会耐心倾听、得体表达，做一个言之有"礼"、坐卧有"仪"的中学生；以集体式互动，包括分组学习、社会实践探究等活动，让全班学生的交流分享，既可以扩大学生的交际面，促进学生的创造性能力和交际能力的发展，又可以让学生关注社会、关注生活，在现实生活中践行自己获得的知识。

（四）纯美实践

纯美实践是指在实践过程中，润物无声地进行品质教育，培养学生勤劳的品格、正直的人格、谦虚的作风和感恩的美德。通过设置一系列活动，如制作读书书签、制作手抄报、诗歌朗诵、参与一些有意义的社会实践活动等，培养学生综合运用语文知识的能力，在活动中对学生的听、说、读、写能力进行整合，从而使书本知识和生活实践紧密结合起来。让学生通过查找资料、课堂交流、分析等方法解决班级、家庭共同关注的热点问题，并使用文字、图表、照片等形式展示学习成果，从而感受语文世界的多姿多彩，综合运用语文知识的能力也得以提升。搭建更加注重学生体验的、开放的和更加个性化的"纯美语文"实践课堂，使学生的精神世界得以升华。

二、学科课程设置

"纯美语文"学科课程依据学情，由易到难、由浅入深、由单一到综合，循序渐进，贯穿七、八、九三个年级，根据不同年级的知识储备和学生需求编制不同的内容。除了基础课程之外，"纯美语文"学科拓展课程设置如下（见表1-1）。

表1-1 合肥市颐和中学"纯美语文"学科拓展课程设置表

课程 学期	纯美阅读	纯美写作	纯美交流	纯美实践
七年级上	美文荐读 （名家散文）	简单记叙文写作	流利表达	课本剧表演
七年级下	美文荐读 （名家散文）	复杂记叙文写作	自信演讲	艺海拾贝：民俗 探究
八年级上	美文荐读 （经典小说）	常见应用文写作	经典诵读	书山探宝：国学 探究
八年级下	美文荐读 （唐诗宋词）	简单说明文写作	精彩讲演	精彩舞台：编演 课本剧
九年级上	美文荐读 （国学经典）	简单议论文写作	阅读分享	历史拾遗：探访 历史遗迹
九年级下	阅读分享	作文升格训练 应考作文训练	精彩辩论	历史述评：探究 历史文化

第四节

书写人生最优美的乐章

　　语文课程应培育学生"热爱祖国语言文字的情感，增强学习语文的自信心，养成良好的语文学习习惯"[①]。"纯美语文"让学生在语文学习过程中获得成就感、美感，体验语言文字的魅力。"纯美语文"从打造"纯美课堂"、倡导"纯美阅读"、开展"纯美语文节"、建立"纯美社团"、组织"纯美研学"这五方面入手，深度推进"纯美语文"学科课程建设，让学生提升语文综合素养，多维度书写人生优美的乐章。

一、打造"纯美课堂"，提升语文课程品质

　　"纯美"的课堂是纯朴而有魅力的，课堂应以文本为载体，以学生为主体，除去热闹的外衣，回归纯朴、自然，并展现语文课堂最真实的魅力。

（一）"纯美课堂"的实施与推进

　　"纯美课堂"有明确的教学目标。教师应依据课程标准，并结合学生的实际情况制定简明、不繁复，且能让学生在淳朴自然的课堂上感受语文最真实魅力的目标，从而体现"纯美语文"的理念。

　　"纯美课堂"除去热闹的形式，呈现学生最真实自然的学习过程。教师应以学生为主体，发挥自身的特长魅力，如一手端庄大方的板书、一串妙语连珠的点评、一幅简明扼要的简笔画等语文教学最基本的表现形式，让学生在

---

① 中华人民共和国教育部.义务教育语文课程标准（2011年版）[S].北京：北京师范大学出版社，2012：2.

扎实的学习中感受语文课堂的魅力，在潜移默化中感悟语言文字的艺术魅力，从而爱上语文。

"纯美课堂"充满着浓浓文化氛围。中华传统文化博大精深，源远流长。在"纯美课堂"中应加强传统文化的教学分量，将其蕴涵的民族文化和民族精神扎根在学生心灵深处并以此为基础构建自己的精神家园。

"纯美课堂"也鼓励教学内容的创新。学生对课文内容的理解见仁见智，语文课堂应该鼓励多种思想并存。语文教师不仅要熟悉教材，对典范的名篇佳作熟读成诵，而且应形成自己钻研教材的真功夫，常教常新，给学生以艺术的熏陶与美的享受。教师的课堂艺术创新能力激活了课堂气氛，使课堂充满朝气与生机。学生在教师的引领与点拨下，能从字里行间发现语文的形态美、色泽美、韵律美，用自己的心灵感受教材横生的情趣、语文课堂散发的魅力。

（二）"纯美课堂"的评价标准

"纯美课堂"之"纯"是以学生的认知水平为基础，遵循语言发展的客观规律；"美"是教师在真实的课堂中展现出的课堂魅力。"纯美课堂"评价细则如下（见表1-2）。

表1-2　合肥市颐和中学"纯美课堂"评价表

评价项目	评 价 内 容	分值	得分
教学目标	1. 简洁明确，适合学情。 2. 能将课时目标有机渗透融合。	20	
教师课堂表现	1. 仪表端庄，教态亲切、自然，方法灵活。 2. 能以学生为主体，善于引导、鼓励学生，体现学思结合的当代教育新理念。	30	
课堂文化渗透	使学生通过语言文字的学习，体会中华文化的博大精深，增强文化自信，理解、认同、热爱中国传统文化，使课堂有文化味，体现大语文观。	25	
教学内容创新	适当运用电子白板等多媒体，理念先进，课堂中有创新点。	25	

在"纯美课堂"的实践中，教师以学生为主体，充分发挥学生的语言学习能动性，聚焦学生的知识需求，开展学生喜爱的活动。通过参与活动，学生增强了文化自信，丰富了审美体验，提高了语文学习能力。

二、倡导"纯美阅读"，丰富语文课程内涵

苏霍姆林斯基说："让学生变聪明的方法，不是补课，不是增加作业量，而是阅读，阅读，再阅读。""纯美阅读"是让学生通过丰富多彩的阅读活动丰富自己的心灵，从而使阅读成为学生的终身习惯。

（一）"纯美阅读"的实施与推进

学校高度重视语文课程资源的开发与利用，优化读书环境，营造读书氛围。我校充分利用校园空间和角落，用诗文、诗画、手抄报、学生亲笔书写的名言佳句装点学校的橱窗、走廊、墙壁等，让学生可以进行随时随地的阅读。学校定时开放图书阅览室，精心组织读书活动，为学生提供展示读书收获的平台。

学校积极创造条件，争取社会各方面的支持，与社区建立稳定的联系，给学生创设良好的阅读实践环境。家校联合，向家长发放《告家长书》，并开展"纯美阅读"系列专题报告会，让家长感受到阅读对学生成长的意义，以便周末督促孩子阅读。

学生的阅读需要引导，教师合理利用每周一次的阅读课，引导学生读好书、好读书。教师对于学生阅读的课前指导主要表现为激发阅读兴趣；课中指导主要表现为阅读方法的指导，如引导学生学会读封面、封底、内容提要、目录等整体把握一本书的策略，通过跳跃性阅读、浏览等阅读方式提高阅读速度的方法以及不同作品比较性阅读的方法；指导学生制作读书卡片，做读书笔记，写读后感等。通过这些途径增加学生的读书量，激发并维持学生的读书兴趣。

（二）"纯美阅读"的评价

1. 常规管理。由教导处组成巡查小组，通过巡课、学生座谈等方式，及时了解诵读课程开设、诵读工作落实情况。

2. 学校制定具体奖评制度，定期量化，阶段抽查。每学期末抽查学生的阅读情况，由学校按照每个年级在阅读方面应达到的目标，进行相关抽测，抽查成绩按一定比例计入对教师、班级的量化考核。

3. 通过读书笔记、读后感等书面形式考查学生的读书效果。

三、设立"纯美语文节"，激发语文学习兴趣

为丰富校园文化生活，展现师生风采，挖掘学生潜能，促进学生个性发

展，培养学生的语文素养和人文精神，我校每年开展一次"纯美语文节"活动，以丰富多彩的形式来激发学生语文学习兴趣。

（一）"纯美语文节"活动的实施

"纯美语文节"包含一系列特色活动，如校园广播站语文节专栏、经典诗文朗诵大赛、传统文化进校园黑板报评比、中国"工"夫——指尖上的文化展览、"以书会友"跳蚤市场等。为使活动有序开展、主题突出，我们制定了活动整体规划，实施情况如下（见表1-3）。

表1-3 合肥市颐和中学"纯美语文节"活动设置表

活动名称	活动内容	组织实施
校园广播站语文节专栏	各年级优秀作文展播	各年级由教师评选小组选出优秀作文，送广播站，利用中午和课间时间展播。
经典诗文朗诵大赛	朗诵古今中外优秀诗文	以班级为单位推选参赛者，每班不超过3人。在统一的时间、地点进行比赛。选出一、二、三等奖。
传统文化进校园黑板报评比	黑板报内容包括"传承国粹""传统节日""民俗共赏"等栏目	由部分师生共同组成评比小组，到各班级为黑板报打分。在年级内部设置奖项。
中国"工"夫——指尖上的文化展览	发挥特长，展现自我，展览师生的优秀书法、国画、剪纸、画扇等作品	分教师作品和学生作品，学生展板由各班级制作。教师作品展板由学校统一制作。
"以书会友"跳蚤市场	学生自愿卖书、捐书、赠书、换书	在操场设立"跳蚤市场"的摊位，学生自愿买卖、交换、捐赠自己的图书。

（二）"纯美语文节"的评价

我校"纯美语文节"内容丰富，形式多样，深受学生喜爱。语文节设立活动组委会，在活动全部结束后，从各个方面进行综合评价，最后设团体和个人一、二、三等奖，并颁发荣誉证书和奖品，具体见表1-4。

表1-4 合肥市颐和中学"纯美语文节"评价表

评价内容	评价标准	评价结果
项目设置（30分）	活动项目设置科学合理，生动有趣，具有创新性、针对性，又贴合生活实际。	
师生参与（30分）	师生积极参与各项活动，活动中能充分发挥自己的特长，获得了知识，体现了价值。	

（续表）

评价内容	评 价 标 准	评价结果
活动效果（40分）	学生获取了知识，对语文产生了兴趣，提高了交流沟通能力，也增强了团队协作能力。	
总体评价		

为使评价结果公平、公正，活动组委会成员有教师、学生以及家长代表。通过有效的评价，"纯美语文节"品质不断提高，自开展以来，受到一届又一届学生的喜爱。

四、建立"纯美社团"，让语文课程立足经典

为弘扬中国优秀传统文化，教育学生从小热爱祖国传统文化，提升人文素养，帮助学生养成良好的学习、行为习惯，培养开朗豁达的性情、自信自强的人格、和善诚信的品质，我校建立了语文"纯美社团"。学校通过开展丰富多彩的语文社团活动，营造和谐的、人文的、丰富的校园文化。

（一）"纯美社团"的设计与实施

我校"纯美社团"包括书法社、灯谜社、国学社、播音主持社四大社团，学生依据自己的兴趣及特长，自主选择社团，在不同主题的社团中，发挥自己的特长，实现自我成长，具体设置如下（见表1-5）。

表1-5 合肥市颐和中学"纯美社团"设置表

社团名称	活 动 内 容	组 织 实 施
书法社	学习书法知识，欣赏书法作品	书法老师讲解书法课的内容和选帖，示范姿势和执笔，介绍字的笔画和结构，学生练习，评选优秀作品。
灯谜社	领会灯谜趣味，学习猜灯谜的技巧	分知识课程和活动课程，先由老师集中授课，再组织猜灯谜比赛。
国学社	学习古文知识，丰富文化底蕴	语文老师举行经典文学讲座，讲授古文学知识、文学创作方法，可以举行文学沙龙，也可以阅读文学名著，观看有关电影、电视片段，丰富学生的文化底蕴，汲取创作源泉。
播音主持社	学习播音主持技巧	培养学生良好的表达能力，克服害羞、紧张等情绪，提高朗诵水平和掌握播音主持技能。

（二）"纯美社团"活动的评价

我校的"纯美语文"社团，吸取了以前的兴趣小组工作的优点。在开展过程中，教师针对以前存在的不足，结合目前的实际作出相应调整。为了客观评价这些社团的效果，我们设置了以下活动评价表（见表1-6）。

表1-6 合肥市颐和中学"纯美社团"活动评价表

社团名称			教学内容		
活动时间		活动地点		参加人数	
活动分类	室外　室内	活动负责人		系列活动	是 否
负责考评人员：					
活动内容					
课堂评价	内容＼等级	优 （17～20分）	良 （13～17分）	一般 （9～13分）	差 （4～8分）
	教学内容是否与教案相统一，教学设计是否合理，是否适合学生学习（20分）				
	课堂教学是否正常开展，教学过程是否流畅（20分）				
	教学组织得当与否（20分）				
	学生参与度如何，兴趣高否（20分）				
	教学任务是否完成，教学效果如何（20分）				
	总分（100分）				

"纯美社团"活动评价定期开展，促进社团老师不断调整教学内容，提高学生参与度。评价表中的各项指标，也为社团发展指明了方向。

五、组织"纯美研学",拓展语文课程维度

学习的方式多种多样,然而我们的孩子更多的是在课堂中接受系统的学习、训练。"最好的老师是生活,最好的课堂是实践",向自然学习,向社会学习,向他人学习,一切都是我们的老师。"纯美研学"是由学校根据区域特色、学生年龄特点,组织学生通过集体旅行的方式走出校园,在与平常不同的生活中拓展视野、丰富知识,加深与自然和文化的亲近感,从而激发学生作为生活主体参与活动的强烈愿望。

(一)"纯美研学"的实施与推进

1. "纯美研学"要体现课程目标,要有教育价值。语文课程资源包括课堂教学新资源和课外学习资源,其中自然风光、文物古迹、民俗风情等都可以成为语文课程的资源,理论与实践结合才是语文教学的最终目标。通过参加研学旅行,亲历社会实践,形成有积极意义的价值体验;能主动分享体验和感受,与老师、同伴交流思想认识;能养成独立的生活习惯,愿意参与学校活动;能关注自然、社会、生活中的现象,深入思考,形成有价值的研学札记。

2. "纯美研学"结合地方特色,形成具备"庐州特色"的课程资源。"纯美研学"课程的目的不仅在于让学生学习、巩固书本上的知识,更重要的是寓教于乐,让学生动用视觉、听觉、触觉、动觉等,把所学、所思、所悟深深地印入脑海中,从而达到提升自己的最终目标。我们通过开展形式多样的社会生活实践活动引导学生学习语文,将"庐州特色"与语文进行深度结合,力求把课本上的语文转换为社会生活中的语文,充分利用语文学科的听、说、读、写等各种能力,引导学生在社会这个大课堂中观察、调研、获取信息、学习语文。如"走进三河古镇""探访李鸿章故居""包公园一日游""三国遗址公园寻古""参观渡江战役纪念馆"等活动,让学生感受身边的语文,了解家乡文化。

3. 将"纯美研学"模块化、序列化,整体规划研学课程的校本体系。"纯美研学"作为必修课每学期开展一次,与之相结合,形成了三年一贯的学习序列,带领学生围绕学习主题,以"走进基地""走进大自然""走进景点"等方式,去了解、体验、感悟真实的生活,将学校所学的知识学以致用,去

锻炼、积累、转化为各种真实生活所需要的综合素养，养成良好的生活习惯，形成正确积极的生活态度。

（二）"纯美研学"的评价

研学旅行是学校教育和校外教育衔接的创新形式。我校依据"纯美语文"课程设置展开的"纯美研学"是通过实践学习语文的有效途径。走出校门，走进生活，走进大自然，这些丰富的体验、直观的感受是非常宝贵的学习材料。开展研学旅行，有利于促进书本知识和生活经验的深度融合。为了更准确地对"纯美研学"进行评价，我们制定了以下评价细则（见表1-7）。

表1-7　合肥市颐和中学"纯美研学"评价表

评价指标	优　秀	良　好	一　般	评价结果	
				师评	自评
积极参与	愿意参与，乐于参与，勇于表现。	有参与意识，态度较积极。	能按时参加活动。		
团结协作	有团队意识，乐于分享，懂得合作。	有团队意识，懂得合作。	能听取别人的意见，愿意支持活动。		
实践能力	有好奇心，有探索欲，能独立思考，自主学习。	愿意主动探索，积极解决问题。	能够参与解决问题，愿意学习。		
写作能力	高质量、有创意地记录活动过程，善于收集整理活动收获，乐于展示。	能够完整记录活动过程，收集整理自己的收获。	能够有意识地收集整理信息，完成作业。		

在我校语文课程建设过程中，我们逐渐丰富了"纯美语文"的内涵。具有"纯美"特质的语文课程，应该能让学生成为主体，赋予学生以"纯美"的语文学习品质。"纯美语文"能引领学生从字里行间发现静态美、动态美、形态美、色泽美、韵律美。"纯美语文"还应具有包容性，鼓励多种思想并存；具有创造性，以教师的课堂艺术创新能力激活课堂气氛，使课堂充满朝气与生机，给学生以艺术熏陶与美的享受，焕发出语文课堂既纯且美的魅力。

（撰稿人：郭正根　张媛）

第二章

语文与体验：
浸润于美的境界

　　古人常追求"天人合一"的至高境界，其指人和自然本质相通，当人能在自然中体验感悟，顺乎其规律，便能达到人与自然和谐统一，浸润于美的境界了。不同样式文学作品的阅读体验，像柔软的叶托举着绚烂绽放的花朵，像涓涓细流缓缓汇入无垠的江海，为学生植入富有生机的思想，丰盈学生的精神世界。

　　语文的学习注重引导学生调动个体体验参与，故而我们从三个方面梳理了"体验"的内涵特征，即个体性、参与性、默化性。"个体性"强调学习与发展的主体是学生而非教师，学生在"和美语文"的课程学习中将自身代入，通过联想自己熟悉的场景、类似的情感体验或拥有的社会经历等方式，使课程学习打上学生专属的烙印，拥有只属于自己的独特感受。"参与性"要求学生投身参与语文学习与实践。"纸上得来终觉浅，绝知此事要躬行"，语文是一门实践性很强的学科。学生只有亲身实践才有可能有感而发、有话要说，才可能在文本学习或活动中萌发情感的共鸣和深邃的思考。"默化性"是语文学科人文性的体现。语文学习中的情感体验对学生的影响是潜移默化的，是润物无声的。学生在接触语文材料的过程中，其心灵与精神自然而然会感受到真善美的润泽与洗礼，从而达到修养身心和砥砺品性的效用。

　　"和美语文"课程以中国传统文化中的"天人合一"思想为起点，融合了美国课程改革专家马扎诺的学习维度论，以寻觅并展现文字呈现的和谐世界、高尚人格为主要方式，从态度与感受、获取和整合知识这两种维度出发，引导学生在语文课程中体验和谐之美。"和美语文"课程的设置注重发展学生的主体性，引导学生主动体验。主体性是新课程标准的基本理念。因此，注重引导学生获得自身独特的体验是十分有必要的。只有出自学生内心的、积极的、主动的体验才能对学生产生潜移默化的终身影响。这种教育影响是教师根据语文材料强行赋予的体验或者煽情而起的体验所无法替代的。"和美语文"的课程建设方案正是基于这个角度来设计，努力达成"培养学生高尚的道德情操和健康的审美情趣，形成正确的人生观和积极的人生态度"[①]这一教育目标。

　　体验是"和美语文"的核心维度，人文的熏陶需要体验的积极参与。一个学生敢于表达自己独特的情感体验时，其实也为更多的学生表达体验创造了条件。因为情绪是闻不见的芳香，情感若看不见的色彩，学生在情绪情感交流时会互相启发、互相濡染。激发学生个体体验与指导其语言学习相结合才能更好地帮助学生进行语文学习。而学生在这样的自发体验中积极主动学

---

① 中华人民共和国教育部.普通高中语文课程标准（2017年版）［S］.北京：人民教育出版社，2018：11.

习，才能自发感受汉字独特的魅力，加深对祖国文字的热爱；才能通过阅读不同语言文学作品，理解和借鉴不同文化的精华部分，学习对不同文化的尊重和包容。

和美语文：感受语文的和谐之美

合肥市第十七中学语文组目前共有教师16人，其中高级教师8人，中级教师7人，平均年龄48岁，教师结构虽然偏老龄化但同时也具备丰富的教育教学经验。近年来教研组集中力量，先后开展了各项教研活动，参加各类教学竞赛，取得了一定的成绩。其中市骨干教师3人，获市优质课比赛一等奖2人，获市基本功比赛一等奖1人，获市智慧课堂比赛一等奖1人，多人编写的课例在"一师一优课"晒课活动中荣获省市级优课。2018年我校为充分发挥优秀教师的辐射作用和全面提升学生语文学科素养，依据《普通高中语文课程标准（2017年版）》以及《普通高中语文课程标准解读》等资料和我校实际情况，开展并推进"和美语文"课程群建设，取得了初步成效。

第一节

细嗅语文的浅香

一、学科价值观

优美的文字是散发着淡淡芬芳的，可疏瀹五脏，可澡雪精神。语文教育是提高审美素养的重要方式，学生在听说读写等语言文字的积累与运用中感受文字魅力，潜移默化培养和提升审美意识和审美情趣，从而逐渐获得创造表现的能力。《〈普通高中语文课程标准〉（2017年版）解读》（以下简称"课标解读"）中说明："在语文课程里，审美情趣和审美观的培养主要通过语文活动来进行。文学是语言的艺术，因而也是语文课程主要的审美鉴赏对象。但是，正确审美观的建立与完善却不是只有阅读文学作品才能做到。在语文课程中，语文活动都应当是审美活动。"①

依据《课标》和《课标解读》的指导，结合高中语文教学特点和我校实际情况，我们努力让学生在课上课下各类语文活动中体验语文和谐之美，以期学生在语言文字的积累与运用中，加深对中华文化的理解与热爱；在亲身体验中孕育高尚审美情趣，濡染中华文化底蕴。基于此，我校语文学科组提出"和美语文"课程核心概念：学生通过对祖国语言文字的学习，感受并认识到和谐是一种美的境界，也是美得以呈现的基础。语文课程处处体现语文学科的和谐之美。

---

① 中华人民共和国教育部.普通高中语文课程标准（2017年版）［S］.北京：人民教育出版社，
2018：11.

二、学科课程理念

两千多年前，中国古代著名的道家代表人物庄子就有"天地有大美而不言"这句话，这是最早记载"大美"思想的文字。世间很多东西都能给人呈现美好的感受，而庄子则认为"美是美好的，不是伟大的。"他认为，"大美"应该是美中最大的美，即更丰满、更高、更宏大的美。借助文学，"大美"更多地体现为一种和谐美。宋安世《杂夔》："至于夔，舍之无道，又叫妙趣，是什么？"李志《寒光里的小字》："看他彬彬有礼，言语甚美。"《东周实录》第四、七回："以前编竹为笛，形制参差，似凤翼；它的声音很美，像凤鸣。"将"和"提炼成一种"得体而美丽，和谐而美丽"。我们将中国历代文人所追求的"美"与现代语文教学实际相结合，提出"和美语文"这一概念。"和美语文"致力于学生在日常语文学习中涵养道德修养之美、文化艺术之美、身心健康之美，追求"天人合一"的境界。

"和美语文"，即追寻语文学科课程中的和谐之美，引导学生感受到语文中的和谐美，受到美的熏陶，培养审美情趣，继而主动发现美、创造美。汉族对美的追求是和谐对称，汉语正是一门和谐的语言，无论是语音、文字还是词汇、句式，乃至篇章布局，处处体现了汉族的审美倾向。就高中语文课程而言，我们认为"和美语文"主要体现在音韵美、篇章美、意境美、人性美四个方面。

（一）"和美语文"是音韵优美的语文

音韵之和美，汉语是如音乐一般的语言，其和谐优美的音韵带给听说者美妙的听觉体验。创作者和读者对于韵律和谐、平仄有序的音韵之美有着极其执着的审美和坚持。汉字的音韵美不仅仅表现在押韵上，很多汉语的句子本身就是由声调构成的美的旋律。

（二）"和美语文"是篇章精美的语文

篇章之和美，小至字形、词语、句式之精美，大到谋篇布局之巧妙，篇章之美仿佛和谐的旋律贯穿全文，引领文章从序曲到高潮再到尾声。不论是散文阅读中的形散神聚、情理交融、虚实相映；还是小说鉴赏中的明暗交织、意料之外情理之中、伏笔照应、过渡铺垫；即便是日常习作中要求尽量做到的"凤头""猪肚""豹尾"中，都不难看出，和谐的篇章结构布局是文章立身之基础。

（三）"和美语文"是意境圆和的语文

意境之和美，"中和"之美，是中国古典美学的一大理想，中国文化崇尚"中庸"之道，表现在文学上，就是情感表达要恰当得体，内容与形式相互和谐。意境的基本构成在于情与景、虚与实，讲究情景交融、虚实相生、动静结合、形神兼备，既看到这些范畴的对立，更强调彼此之间的互化，融会贯通成一个整体，最终趋于和谐统一。

（四）"和美语文"是人性美好的语文

人性之和美，在于形体、语言、心灵、气质。在中国文学文化的天空中，人性美无时不在熠熠生光，无论是传统文学如《陈情表》《出师表》《祭十二郎文》中流露出的"孝、忠、友"的人性光辉，还是现当代作品如《边城》《平凡的世界》中展现出的"坚毅、豁达、自然、健康"的美好品质，都是对人的本性的赞美和歌颂，都体现出人性美中自然属性与社会属性的和谐互补。

基于以上内容，我校的语文课程理念为：在文本学习中寻找汉语文学中音韵、篇章、意境的和谐之美；在课堂教学中营造语文学科熏陶、感受、认知、鉴赏的和谐之美；在语文活动中展示知识与技能相统一、审美与创造相融合的和谐之美。让学生能够感受美、认识美、鉴赏美、分享美、创造美。

第二节

构建至善至美的精神境界

一、学科课程总体目标

结合《课标》中语言建构与运用、思维发展与提升、审美鉴赏与创造、文化传承与理解四个方面的要求与我校实际情况，我校制定了合肥十七中学课程的"三层五类"目标。从品味文学之真出发，通过多元课程活动，帮助学生逐步构建至善至美的精神境界。

"三层"即基础层、发展层、研究层。基础层课程重在培养合格的社会主义公民。一是着力培养学生的"求真""至善""尚美"三大品质；二是着重"四基"——基础知识、基本技能、基本方法、基本活动经验的落实，以促进其日后的个性发展；三是让学生保持身心健康，具有健康的生活情趣，具备基本的公民素养。发展层课程着眼培养各行业合格的专业人才，聚焦责任精神的培养，注重基本方法的学习掌握、基本思想的培育，在科学、人文、艺术、体育素养发展的基础上，结合国家培养创新型人才的需求，通过相关学科的深度学习，培养学生继续学习的能力，为将来成为国家所需的专业人才做准备。研究层课程关注培养杰出人才，重视基本思想的培育，注重培养学生的创新能力、领导能力和批判精神，引导学生明确自身的社会责任，为他们在大学阶段和未来社会中发挥引领作用做准备。该体系面向在某些方面具有特殊潜质或培养前途的学生，更强调学科基本思想的培育。

"五类"即"美智语言课程""美慧科创课程""美雅艺术课程""美德修身课程""美健运动课程"，以满足不同层次、不同潜质学生的多样化发展需要。一是美智语言课程（语言类课程）：人文素养、文本阅读、创作才能、语言交流、国际教育。二是美慧科创课程（科学类课程）：科学方法、思维训练。三是美雅艺术课程（艺术类课程）：才艺表演、职业规划。四是美德修身课程（社会类课程）：道德法律基本常识、公民权利与义务。五是美健运动课程（健康类课程）：运动技能、心理健康教育。

"三层五类"课程体系中，三个层级、五个类别的课程目标取向各有侧重，在分层课程设置中满足不同层次的学生的发展需求，以"合格公民、专业人才、杰出人才"作为学生培养任务定位的三个层面；将"以美立教，立美育人"作为办学宗旨，着眼于全体学生的全面发展；以"大美教育"为统领，培养学生各方面的基本素养，依据学生的不同特性，在体验探索与生命成长中感受美、认识美、鉴赏美、创造美、分享美，促进学生的个性生长。

基于此，我校语文学科设置课程目标力求让学生在高中阶段一系列的语文学习活动中，围绕学校"求真、至善、尚美"的培养目标，依据学生不同层次，在语言、思维、审美、文化各个层面有所发展，发现美的特征，认识美的规律，并能做到以美启智、以美育德，成为具备完善人格、自立自信、真诚奉献、服务社会的良好公民。

二、学科课程年级目标

在学科课程建设中，课程总目标比较笼统，难用于课程建设的指导，所以我们在课程标准的指导下，根据自身学情，制定了每一学期的具体目标。例如，表2-1呈现了高一必修上语文学科课程目标。

我校语文学科设置的课程目标，力求让不同层次学生在必修上的语文学习活动中，在语言、思维、审美、文化等方面得到发展，从而发现美的特性，认识美的规律。

表2-1 高一必修上语文学科课程目标表

课程目标 / 学段学期	基础性目标				拓展性目标
	阅读	写作	口语交际	综合性学习	
高一 必修上	1. 了解对联诗词中的押韵、平仄等相关知识，体会平仄有序的韵律和谐、音韵之美。 2. 初识文章写作技法，体会散文的形散神聚，小说的明暗交织等篇章的布局之美。 3. 认识写景与情感之间的内在联系，学会合理适地地表达情感，注重内容与形式的和谐美。 4. 感受不同的诗体节奏产生的不同情味。学习使用生动形象的语言和多种修辞手法。 5. 通过对写景游记散文的欣赏，培养对自然美的感悟力。 6. 学习演讲辞，体会演讲辞优美的文辞和多样化的表现手法。感受演讲辞中蕴含情感的情感力量。	1. 心音共鸣——写触动心灵的人和事。 2. 园丁赞歌——记叙要选好角度。 3. 人性光辉——写人要凸显个性。 4. 黄河九曲——写事要有点波澜。	1. 读准字音，理解作品中词语、句子的含义。 2. 准确把握作品的背景，弄懂作品的文化内涵和情感基调。 3. 运用各种表现手法准确地表达作品的内容。	1. 初步认识汉语，了解汉语基本特点以及汉语的演化过程。 2. 了解新词新语与流行文化。	1. 记录家乡的人和事。家乡文化是个体精神的寄托，是中华民族文化的重要成分，关注家乡文化，探究文化现象。通过访谈、考察和查阅文献等方式，感受家乡语言的音韵特点。考察家乡风景名胜、家乡名称的来历演变、家乡的历史传说，品味家乡的优秀人物、节日风俗文化，探究其中的人性之美。在做好调查的基础上，参与家乡文化建设，从家乡实际出发，拟写一份具有可操作性的改进家乡文化更健康地发展、帮助家乡文化的建议书。 2. 词语积累与词语解释。准确理解词语含义，并能比较辨析、恰当运用，构建自己的词语库。把握词语的聚合关系，品味词语的结构之美。了解多姿多彩的熟语和鲜活生动的新词，探究古今词义的联系与区别，感受成语的魅力，体会成语中蕴含的民族精神，发掘汉语鲜活的生命力。准确使用词语，做到恰当、合适。体会词语的感情色彩、语体色彩，地域色彩等，搜集典型例句段落，提炼总结心得体会。

第三节

绘一幅心灵地图

一、学科课程结构

《课标》中明确指出："以语文学科核心素养为纲，基础性与选择性相结合"，"语文课程是一门学习祖国语言文字运用的综合性、实践性课程"，"工具性和人文性的统一，是语文课程的基本特点"[①]。为了让学生既能熟练地掌握语文基础知识，又能将知识运用于实践操作，培养学生的探究能力，引导学生展现正确的情感取向和思维过程，我校"和美语文"课程设置为：语言文字应用课程、文艺赏鉴品析课程、写作表达提升课程和文化和美深化课程，以期以合理的课程结构为学生成长绘制一幅心灵地图（见图2-1）。

各版块课程如下：

1. 语言文字应用课程。本课程重在引导学生从字音、字形、成语、句式等方面，了解和感受汉语的音韵和谐之美与形体和谐之美。此版块依托《语言文字应用》校本教材，通过平时点滴语言积累，观察语言现象，总结规律，加以梳理与探究，以汉字汉语专题研讨的形式，开展拼音世界、汉字英雄、成语大赛、病句诊所、五彩修辞等活动，培养学生对语文学科的兴趣，了解汉语中音韵和谐之美与形体和谐之美，以具有初步的审美能力。

2. 文艺赏鉴品析课程。本课程旨在通过古今中外作家作品研习、文学阅读与写作、跨媒介阅读与交流等形式，感受文学作品中志意之美、情景之美、

---

① 中华人民共和国教育部.普通高中语文课程标准（2017年版）[S].北京：人民教育出版社，2018：11.

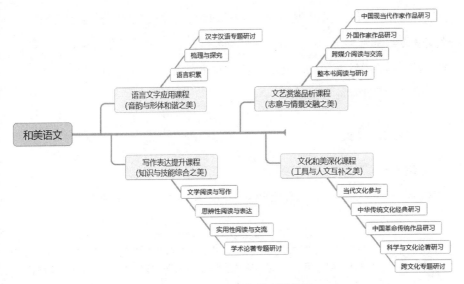

图2-1 "和美语文"课程结构图

手法之美、结构之美，培养学生正确的世界观、人生观、价值观，以及阅读文学作品的兴趣，进一步发展学生的语言运用能力、思维能力和审美鉴赏能力。开展中国古代诗歌散文欣赏、中国现当代诗歌散文欣赏、中外小说欣赏、中外戏剧欣赏等课程活动，让学生感受语文学科文本中的志意与情景交融之美。

3. 写作表达提升课程。本课程重在提高学生的审美鉴赏能力和表达交流能力，结合之前课程中所阅读的作品，在了解了诗歌、散文、小说、剧本写作的一般规律后，捕捉创作灵感，用自己喜欢的文学样式和表达方式写作，进一步增强思维的逻辑性和深刻性，增强适应社会、服务社会的能力。以文学阅读与写作、思辨性阅读与表达、实用性阅读与交流、学术论著专题研讨等专题形式加以研究，具体开展微写作、实用写作、文体写作、创意写作、创新实践、高考写作、文学创作活动，让学生将知识与技能相结合，感受语文学习的实践运用之美。

4. 文化和美深化课程。语文课程在教学改革中肩负着建设有中国特色和中国传统的母语教育的任务，语言文字的运用体现了时代发展状况和人的文化修养，本课程旨在引导学生自觉继承中国优秀的传统文化，吸收世界各国人民的文化精华，积极参与建设和传播有中国特色的社会主义先进文化。本课程以当代文化参与、中华传统文化经典研习、中国革命传统作品研习、科学与文化论著研习、中华传统文化专题研讨、中国革命传统作品专题研讨、跨文化专题研讨等学习任务群的形式加以实施。具体开展名著阅读、名篇鉴赏、名家探究、艺术天地、走进流派、文化经典等活动，来体现语文学科中工具性与人文性互补之和美。

二、学科课程设置

"和美语文"课程结合学科课程结构，践行学科课程理念，重在培养孩子的学科素养与关键能力，依托选修教材，开设以下课程（见表2-2）。

表2-2 "和美语文"课程设置表

学期＼课程	语言文字应用	写作表达提升	文艺赏鉴品析	文化和美深化
高一上	声情并茂	审题立意	中外影视名作	中外戏剧名作
高一下	规矩方圆	逻辑结构	中国当代小说	中外传记作品
高二上	新词新义	素材运用	中国近代小说	中国文化经典
高二下	言之有理	叙议结合	中国现代散文	中国民俗文化
高三上	修辞艺术	语言表达	中国现代诗歌	先秦诸子选读
高三下	语言色彩	升华创新	外国小说欣赏	革命传统文化

考虑到课程类型较多、个体教师在教学时难度较大，我们尝试将四类课程有机整合成不同类型的"阶梯式"套餐组合，给予授课教师和学生更多的选择空间。这种套餐组合是基于教师教学能力基础的一种组合，可供教师优先选择。如教师可以根据自身能力选择教授"语言积累""文学阅读与写作""中国现当代作家作品研习、外国作家作品研习""当代文化参与"这样的套餐组合。教研组充分发挥职能，合理研发并安排多种套餐组合供学生选择。这种方式可以最大化发挥教师的能力，同时给予不同需求的学生更多的选择空间。

汇聚知识与能力的长河

《普通高中语文课程标准（2017年版）》提出：地方和学校应"依据国家课程方案和语文课程标准的要求全面落实课程建设，鼓励和引导教师充分利用地方和学校的资源，根据学生语文生活的实际实施课程……在丰富多样的语文实践活动中培养学生的语文素养，注重教师对学生学习活动的指导，抓好阅读与鉴赏、表达与交流、梳理与探究等语文实践活动……遵循语文课程标准的要求，多角度、多种方式评价学生的语文素养和教师的教学工作，注重学生语文素养的整体提升。"[①]基于以上内容要求，我校语文学科课程群，主要从打造"和美课堂"、开设"和美节日"、组织"和美社团"、开展"和美赛事"四方面共同推进。"和美语文"课程建设，力求通过形式多样的语文实践活动，在提高学生的审美鉴赏与创造能力的基础上，进一步培养学生的语文素养。

一、打造"和美课堂"，提升课程实施品质

（一）"和美课堂"的组织实施

"和美课堂"坚持以人为本，使教育的各因素互相依存、互相促进，增进学生的自我成长和完善，是师生互动、心灵对话的课堂。在这样的课堂上，既有教学目标与内容的合理安排，也有新知与旧知的和谐贯通，更有手脑的结合与情智的交融，自由生长，师生关系和谐，教学相长。

---

① 中华人民共和国教育部.普通高中语文课程标准（2017年版）［S］.北京：人民教育出版社，2018：11.

就教师授课角度而言，实施和美课堂具体依据以下课型开展：新授课、复习课、讲评课、阅读课、写作课。

语文教学新授课，教师需先确定大单元框架，再细化课堂各个环节的目标和任务，设置梯度，循序渐进引导学生梳理探究。

复习课则一线贯穿，使整个单元知识点围绕一种能力、一种方法，以点带面，举一反三，使学生印象深刻，复习高效。

讲评课可以先结合智能阅卷平台进行数据分析，将教学重点放在错误率高的题上，并具体分析失分原因，再通过学生讨论甚至争论的形式逐步解决，对症下药。

阅读课主张开放式阅读和指导性阅读相结合，让学生带着任务读书，教师重在传授阅读分析、归纳总结、赏析评价的方法，允许学生有不同的见解，引导学生写成读书笔记。

写作课重在激发学生的兴趣与热情，课前对优秀习作表扬点评，批阅时圈画出习作中的闪光点，让学生感受到教师的关注和自我的进步；教师也要改变批阅方式，全改全批的形式不仅工作量巨大，而且往往收效不佳，可以采取面批、互批、按层次选择性批阅等多种形式提高课程效果。

为进一步提高学生的学习兴趣和学习效率，我们还从学生角度出发，将部分课程的授课模式转变为由学生授课、教师指导、同学评价。在教师指导的基础上尽可能放手让学生去发挥创造，由学生去寻找资料充实备课，由学生去设计课堂讲授新知，由学生去分析讨论评价课程，教师将舞台让出，做一个主持者和观察者，适时连缀点拨即可。我们建设的语文课程，就是要在这样的课堂中充分锻炼大部分学生的活动组织能力、写作能力、演讲能力，而不仅仅是听课能力。所谓"学然后知不足，教然后知困"，对高中生来说，学生向学生学习，是非常高效的学习方法。这样的授课方式符合学校实际，减轻了教师额外的教学负担。而公开化评价方式会让处于青春期的高中生认真地对待每项课程。

以上是就课型而论，就评价要求而言，教师需做好以下环节：

1. 个人钻研与集体备课相结合。学科组长每周确定固定时间开展集体备课，指定教师发言，集体讨论研究。备课不仅备本节课，还要结合单元课程目标，以"和美课堂"为核心，多方面多维度备课，另外学生学情、教材相关链接都应成为备课重点。

2. 传统与创新相结合。既不能忽视教师传统基本功，也要与时俱进，学习各类新媒体、新平台教学形式。电子书包、智慧课堂、翻转课堂已逐步进入课堂，教师可以结合校情班情，充分利用教学资源，整合大数据，使课堂新颖生动、内容充实、效率提升。

3. 群文阅读，迁移拓展。教科书中涉及的作品难以满足学生课外阅读的需求，教师可以选取题材相近、内容相似，或同一作家不同时期作品，或同一时期不同作家作品，展开比较阅读，加深印象，巩固知识点。如高中教材中学习过《说"木叶"》后，可以选择林庚的另一篇文章《青与绿》比较阅读，加深学生对诗歌语言暗示性特点的理解；学习过庄子的《庖丁解牛》后，可以再阅读《轮扁斫轮》，使学生对庄子的哲学思想有更深入的认识，更好地理解文中"所好者道也，进乎技矣"的内涵。

4. 立德树人，价值引领。以优秀的作品鼓舞人，以高尚的精神塑造人，以先进的榜样激励人。语文课堂是工具性与人文性的结合，教师在普及语文知识和技能的同时，更要注重对立德树人的坚持和对民族精神的弘扬。在课文学习中渗透德育内容，培养学生热爱美好生活和奋发向上的人生态度，增强历史使命感和社会责任感，这也是语文学科不可替代的优势。

5. 教学相长，探究发现。教师在学生讲授的课堂中细心观察、提炼分析，通过发现学生授课课堂中的亮点和独到之处，取长补短；同时注重引导学生在学习中发现问题，培养探究意识和发现问题的敏感性，探求解决问题和语言表达的创新路径，从而使教学相长、师生联动，创建和谐的教学氛围，营建和谐的师生关系。

（二）"和美课堂"的评价标准

评价的多元化有助于学生的主动成长，调动他们的课堂热情；同时也有利于教师完善和丰富课堂环节。为此，我们制定了"和美课堂"评价标准表（见表2-3）。

表2-3 "和美课堂"评价标准表

评价项目	评 价 要 点	评价赋分		
教学目标 （15分）	1. 目的明确，能针对学科特点和学生实际，确定具体适度的要求。 2. 更多地关注学生，注意面向全体及兼顾学生差异。			

（续表）

评价项目	评 价 要 点	评价赋分		
教学内容 （25分）	1. 能掌握课程标准，认真深入地研究教材，可以准确把握重点、难点，教授内容准确、科学。 2. 增强现代意识，适应时代的需要，注意联系学生生活实际，对教材进行合理的、具有创造性的改组。 3. 强调深刻理解教材的内在联系，在此基础上以新的视角处理教材，采用灵活且贴近学生实践的教法，设计出有创意、有新意的教案。			
教学过程 （35分）	**课堂** 1. 师生处于平等地位，尊重学生，民主合作气氛浓。 2. 教师注重学生的主动性，让学生进行多边、多向、互动的自主信息交流。 3. 注意培养学生倾听他人意见的习惯，做出正确的评价，勇于提出自己的观点，表达自己独特的感受。 **学生** 1. 态度积极，学习积极性高，情绪饱满，求知欲强。 2. 有竞争合作意识。 3. 不同层次的学生能感受到成功的喜悦。 4. 课堂无"死角"、无"闲人"。 **教师** 1. 注重形成平等的师生关系，体现教师是学生学习的组织者、引导者、合作者。 2. 能创设有利于学生个性发展的开放的学习环境，关注、尊重学生独特的情感体验。 3. 重视培养学生的创新意识、创造性思维和实践能力，特别是文化课教学的实践能力的培养。 4. 重视引导学生独立探究，独立分析，主动合作，让学生在自主探索、动手实践和合作交流中理解掌握知识技能，提高素质。 5. 能恰当合理运用现代教育技术。			
教学效果 （25分）	1. 学生的兴趣、态度、意志、合作、分享等非智力因素得到培养。 2. 学生的素质，如态度习惯、语文素养、综合运用知识的能力、创新意识、实习动手能力等得到提高。			
总　评				

二、开设"和美节日"，丰富课程实施层次

（一）"和美节日"的组织实施

"和美节日"是为了让学生在丰富多彩的实践活动中积累感性认识、品味语文学科之美，构建学习与交流的平台，激发学生对语文学习的兴趣与热情，

进一步提升学生的语文核心素养。高中课程繁杂，在功课之余设定各类语文节日，对于学生知识面的拓展、社交能力的提升、情操的陶冶、母语的亲近均大有益处。

"和美节日"以"和美语文"为总主题，每期可以确定不同分主题，从听说读写各个环节开展节日活动，让学生展示自我、绽放青春。筹办节日需遵循以下步骤：

1. 调动学生热情，事前组织策划节日方案。在确定好节日主题后，征集节日方案并由学生会、团委、政教处共同评选出优秀方案。在选出的优秀方案基础上征集节目内容并做进一步筛选，力求甄选出彰显青春活力、弘扬优秀文化的好方案。

2. 整合学校资源，充分发挥校内各功能教室的作用。一次节日不是简单的舞台表演，而是要调动全体师生的热情，集聚全校之力完成一次审美体验。我校功能教室齐全，校园电视台、校园广播、书法教室、音乐教室、STEM课程教室一应俱全，可以满足节日中的各项功能要求，在节日举办之前，排查教室器械情况，安排专人管理，培训学生使用，努力以最好的状态迎接使用。

3. 搭建各类舞台，展示学生在语文不同领域的特色专长。没有人能十全十美，但每个人都会有其独特之处，学校会提供不同的舞台供学生展示。朗诵主持、书法写作、成语大会、诗词接龙、对联猜谜、藏书展示……努力让每一个学生都能从中找到符合自己兴趣特长的舞台（见表2-4）。

表2-4 "和美节日"实施表

活动名称	活 动 目 的	组 织 实 施
朗读者	以经典文言散文或韵文为主要内容，激发朗诵兴趣，培养朗读习惯，丰富语言积累，提高朗诵能力。	以高一朗诵社团为依托，组织开展。
书法汇	以古典诗词为主要内容的硬笔或软笔书法比赛，旨在激发学生对书法的兴趣，养成良好的书写习惯，提高学生的审美素养和文化素养，传承中华传统文化。	学校统筹安排文具，各年级以班级为单位组织报名，以年级为单位进行选拔，设置奖项进行展示。
成语迷	理解成语意思，了解成语典故。引导学生自觉主动地学习、积累、运用成语；体会成语的魅力，以激发他们广泛阅读、积累成语的兴趣，锻炼学生的思维能力；培养学生积极的竞争意识与合作能力。	六个汉字中拼出四字成语。根据典故描述猜成语。你画我猜诠释成语。

活动名称	活 动 目 的	组 织 实 施
写作展	以"无悔青春"为主要内容，从生活中选取素材，锻炼乐于表达的能力，引导学生关注现实，热爱生活，发现生活中的美，表达真情实感，提高学生的写作水平和文学素养。	网络投稿、大众评选与教师评选相结合，优秀作文校园网展示。
楹联会	了解楹联的韵律、修辞、思想、情感和妙处。培养学生的审美意识，传承中华民族优秀文化，提升品位。	收集各地各类楹联展示。邀请书法家为学校赐写楹联。学生楹联创作。
图书角	营造良好读书氛围，提高学生课外阅读兴趣，丰富学生语言积累，拓展学生的视野和知识面。	组织教师评委组，从制度、目录、职责、读后感等方面评出最美图书角。

（二）"和美节日"的评价标准

为有效监测"和美节日"实施效果，我们针对"和美节日"的具体活动制定了"和美节日"评价表（见表2-5）。

表2-5 "和美节日"评价表

朗读者	仪表（10分）	内容（30分）	形式（20分）	普通话（20分）	技巧（20分）	总分（100分）
书法汇	字体架构（30分）	大小适中（15分）	无错别字（15分）	卷面整洁（20分）	技巧（20分）	总分（100分）
成语迷	成语听写（10分）	成语故事（20分）	看图猜成语（10分）	我演你猜（30分）	火眼金睛（30分）	总分（100分）
写作展	主题鲜明，题目贴切（10分）	思路清晰，布局严谨（30分）	情感真挚，形象生动（20分）	语言顺畅，富有文采（20分）	个性见解，构思新颖（20分）	总分（100分）
楹联会	内容（20分）	词性（20分）	结构（20分）	避复（20分）	平仄（20分）	总分（100分）
图书角	布置美观，摆放整齐（20分）	数量充足，保存完好（20分）	健康有益，形式多样（20分）	管理到位，专人负责（20分）	氛围浓厚，读书笔记（20分）	总分（100分）

三、组织"和美社团"，拓展课程实施维度

（一）"和美社团"的组织实施

"和美社团"是依据学生自身兴趣、特长、职业生涯规划组建各类语文学

科社团。在不影响学校正常教学秩序的前提下，"和美社团"起到了活跃学习气氛、交流思想、切磋技艺、增进友谊、展现自我的重要作用。

对照课程群内容，结合高考实际，组织建立播音主持社、影视评论社、楹联社、书法社、阅读社、文学写作社……通过规范的社团建设、明确的社团章程、丰富的社团活动和常规化的社团管理，将社团打造成为学生发展良好个性素质的课堂，使社团成为校园文化建设的重要载体。"和美社团"实施如下：

1. 播音主持社。播音主持社以培养播音员、主持人，丰富学生课余生活为目的，挖掘优秀人才，提高表现和表达能力，在校各类节日、晚会中展示。招募要求：对主持人或者演讲、辩论感兴趣；有魅力，有自信，有责任心，敢于挑战；普通话标准，声音洪亮，表达能力强；有强烈的感染力，有鲜明的人格魅力；能即兴发挥，调动场上气氛并有效控制节奏。

2. 影视评论社。每月选择适当时间播放优秀电影。定期组织影视评鉴会、电影讲座，请影视学院专业教师为大家讲解，提升文化品位，增强人文素养。组织影评大赛，设立专业评委与大众评委，以公开张贴或网络发帖的形式展示作品，再由同学投票选出优秀影评，并请相关同学来分享撰写影评的心得、锻炼交流表达能力。

3. 楹联书法社。楹联是富于民族文化的优秀艺术，更是一种汉字文学艺术，借鉴了诗歌词赋的对偶押韵、平仄相应和各种修辞方法，又结合了传统书法的造型艺术，是中华文化遗产的精粹。在教室等学校建筑物上悬挂楹联供学生欣赏、学习、临摹，营造校园楹联文化氛围，邀请楹联专家来校讲座。打造楹联社可以培养学生爱好楹联的兴趣，感受楹联文化魅力。在传统节日与重大活动时开展楹联征集评比，有效激发学生兴趣，如重阳节"孝亲敬老"主题楹联征集，教师节"尊师重教"主题楹联征集，国庆节"不忘初心、牢记使命"主题楹联征集。

4. 文学阅读写作社。"腹有诗书气自华"，读书是与高尚的灵魂沟通。阅读写作社为提高学生文学水平提供有利条件，通过有针对性地开展灵活多样的文学活动，拓宽学生视野，激发创作热情，把读书、文学欣赏、练笔结合起来，提高审美修养，帮助学生掌握写作技能，提高语文学习水平。开展读书活动，交流观点，让思想在碰撞中绽放火花；邀请写作优秀的学生与语文科任老师开展系列指导讲座；每月出一期文学社期刊，主要面向社员征稿；围绕写作开展活动，如研学游、实地考察、校园记者采访等；鼓励学生勇于竞争，参加各级各类写作竞赛，积极投稿。

（二）"和美节日"的评价标准

为使社团活动有序开展，我们制定了"和美社团"通用评价标准（见表2-6）。

表2-6 "和美社团"评价表

项 目	标 准	赋分	评分
社团建设	制定章程和工作计划，有明确的社团目标。（10分）聘请指导老师，落实活动时间，拥有固定教室或活动场所。（10分）	20	
档案管理	加入社团，须填写《社团会员登记表》，凭班主任推荐意见加入社团。（5分）建立完善档案管理制度，明确存档范围，制定科学的档案分类方案，按要求和分类存档。（10分）	15	
文化传承	建团目的明确，社团宗旨鲜明，有自己的特色和主办活动的方向。能通过社团管理进行有效的社团文化传递。（15分）	15	
制度创新	建立学生社团支持体系，保证政策和经费上的支持。建立人力资源管理体系，保证社团成员新鲜血液的输送。建立宣传体系，增加学生与社团的互动交流。（15分）	15	
常规活动	常规活动常态化。（5分）组织有序，秩序良好，大部分成员积极融入活动，效果明显。（5分）活动结束后材料完整（总结、文字、图片、视频）、总结深刻。（5分）	15	
大型活动	提前宣传到位，海报突出鲜明。（5分）提前完成策划书并确定好主持人（5分）、各项工作责任到人（会场布置、材料购置、纪律维持、材料记录，场地清洁）（5分）、活动后有总结有反思。（5分）	20	
总 评			

四、开展"和美赛事"，展示课程实施成果

（一）"和美赛事"的组织实施

语文学科赛事及相关研学活动是中学语文学科综合能力的展示，旨在锻炼中学生的语文能力，提升语文素养，弘扬中华文化。我校"和美赛事"以朗诵会、辩论赛、课本剧比赛等形式为主，重在将学生的语文知识及时转化为技能呈现，使综合性与实践性、工具性与人文性集中展现，通过一系列语

言实践活动让学生把握语言运用规律，发展思辨能力，提升思维品质，积累文化底蕴。

1. 朗诵会。以朗诵会的形式提高中学生诵读经典的自觉意识，提升其母语阅读和表达的水平，发展中学生语文学科核心素养。要求朗诵的诗文思想内容积极向上，尽显中华诗文的意境美、情感美、文字美、韵律美；可单人、双人、集体朗诵，可适当配乐或加以表演，朗诵要能脱稿，时间把握在五分钟左右。

2. 辩论赛。我校辩论赛采取初赛、复赛、半决赛、决赛决出优胜团队和最佳辩手，并由评委专家做出点评，为选手颁发证书和奖品。辩论赛要求论点明晰，论据充足，分析透彻，及时抓住对方观点及失误，驳论精到，切中要害，逻辑严密，反应敏捷，应对能力强。辩论赛是学生思维反应能力的竞赛，是语言表达能力的竞赛，也是综合能力的竞赛。

3. 课本剧比赛。课本剧是针对青少年喜欢模仿的特点，有组织地开展演出活动，对学生的组织能力、团队合作能力、创造能力、口语表达能力和舞台表演能力都有极大的促进，使学生在表演中巩固知识，增进对文本的理解，寓学习于快乐中。我校课本剧比赛先是以班级为单位，学生查阅资料，师生共同学习，参与改编，之后上交剧本；各年级组在上交的剧本中择优选取优秀剧目参加复赛；最后在校级层面进行决赛。比赛要求剧本编排合理，主题健康，忠于课本又不局限于课本；情节合理，形象鲜明，表演自然生动，具有一定的教育意义和观赏性。

（二）"和美赛事"的评价标准

"和美赛事"旨在让学生在实践活动中提升综合能力。为充分评估学生的能力，我们制定了"和美赛事"评价表（见表2-7）。

表2-7 "和美赛事"评价表

评价项目	评　价　要　点	分值	得分
主　题	主题突出，观点鲜明，思想内容积极健康向上，紧扣中心，顺应时代。	30分	
语　言	流畅自然，朗诵整齐或表达清晰，发音标准，声音洪亮。	10分	
感　情	精神饱满，得体恰当，富有感召力和艺术性。自然大方，投入角色。	10分	

（续表）

评价项目	评 价 要 点	分值	得分
道 具	符合背景，恰当自然，环保节约。	10分	
结合文本	植根课本，能准确理解文本内容，再现文本情境。	20分	
合 作	合作默契，分工明确。入、退场及朗诵或表演队形整齐有序，整体效果好。	10分	
服装礼仪	服装统一、整洁、得体，礼仪规范。身体端正，表情、手势自然。	10分	
总 评			

五、举办"和美游学"，践行课程实施内容

（一）"和美游学"的组织实施

研学旅行是高中综合实践的重要课程，是将学生在课堂上、书本中所学的静态课程转化为动态课程的有效途径。我校致力于打造研学活动的规范化、系列化、高效化、科学化，助力学生健康成长、全面发展。

1. 行程安排

第一天：出发长沙，探寻潇湘文化，开启快乐研学；

第二天：恰同学少年，追寻伟人足迹；

第三天：湖南省博探秘湖湘文化，返回合肥。

2. 游学任务

在细致安排、确保安全的基础上，教师设计"游学备忘录"小册子，要求学生提前了解游学景点的地理位置、历史典故、风俗民情，赏析课文中与景点有关的诗词文章，如《沁园春·长沙》《山行》等，感受其中深厚文化底蕴与现代文明的交融魅力。游学活动中，学生通过关注导游讲解的历史文化故事，了解伟人生平，观察历史文物。在备忘录中对景点依次打卡，记录美景，铭记历史，感悟伟人崇高品格，接受共产主义和革命传统教育；游学结束，完成备忘录中相关问题，评选最佳游学者，总结巩固游学收获。

（二）"和美游学"的评价标准

研学活动是一次有关政治、历史、文化、教育的全方位学习体验，学生追随先贤足迹，探访自然与人文的奥秘，培养家国情怀，增强人文底蕴。达成这一目标需要多方合力，"和美游学"的评价表据此设立（见表2-8）。

表2-8 "和美游学"的评价表

评价对象	评 价 标 准	得　　分
旅行社工作	行程安排合理，景点选择恰当。（10分）	
	交通保障，安全保障，食宿保障。（10分）	
	导游讲解认真细致。（10分）	
学校工作	研学目标明确，纳入综合实践考察。（10分）	
	班级人员配比合理，活动课程安排清晰。（10分）	
	研学过程纪律严正，秩序井然。（10分）	
教师工作	根据研学目标制定研学项目要求。（10分）	
	问题设置具有多样性、趣味性、可操作性。（10分）	
	整合教育教学内容，融合各学科知识。（10分）	
	能观察学生研学状态，适时引导指导。（10分）	

　　总之，"和美语文"是传承先贤智慧、弘扬传统文化、修养学生身心的课程。它承载着十七中全体语文教师先进的教学理念和真诚的教育理想。我们努力引导学生在"和美语文"课程体系中乐于体验、积极实践、发展能力、提升品质，领略优秀文化的魅力，感悟人与自然的和谐，浸润于"天人合一"的境界。"和美语文"为学生终身学习和全面而有个性地发展奠定基础，为传承和发展中华文化，增强民族凝聚力和创造力，发挥应有的作用。

（撰稿人：吴健雄　陈丽丽）

第三章

语文与创造，相辅相成。语文学习能开阔视野、开放心态、创新思维；创造性地运用语言表达交流，能为语文学习注入鲜活的力量。"情景语文"让学生的眼眸透过书页投射到现实生活中，引导学生深思现实，激发他们的求知欲望与探究精神，从而实现创造性地表达。

语文与创造：
凝视现实的投影

"激发想象力和创造潜能"是语文课程的重要目标之一。[①]一方面，能开阔视野、开放心态、创新思维；另一方面，创造性地运用语言表达交流，能为语文学习注入鲜活的力量。

语文作为整个义务教育体系中的基础学科，对培养学生的创造力具有无可替代的作用。具体来说，语文与创造之间的关系主要有五种：学好语文就是学会创造；创造是在一定观念指导下的行为，而语文能力能支持一个人形成一定的观念；创造离不开思维，因而也离不开能培养思维的语文学习；创造是一种人际行为，因而离不开语言的运用；任何一种创造过程都是与语文创造融为一体的。[②]这表明，语文学习和创造力培养是密不可分的。教师在语文课堂这一有限的时空环境内，通过合理地创设情景，激发学生的学习兴趣，营造民主的教学气氛，鼓励学生勤于思考、质疑问难，发展其求异思维、多向思维、发散思维等能力，并最终通过语言文字的运用和表达，产生出有现实意义的新认识。

情景语文课程认为语文课堂应当创设并带领学生进入情景。情景，即现实世界的投影。凝视创设的情景，即让学生关注、反思容易被忽略的现实生活，进而运用祖国的语言文字，表达自己的生活志趣，让学生在情景中感受生活、热爱生活、表达生活，让学生乐于阅读、易于表达。这正体现了学好语文就是学会创造。情景语文课程对学生创造力的培养至少包含两方面的内容：一是语文学习通过语言运用、阅读写作、探究活动等方式培养学生开阔的视野、开放的心态、创新的思维，这是"创造离不开思维，因而也离不开语文"的写照；二是教师拟设场景，激发学生的求知欲望和探索精神，引导学生创造地运用语言、交流表达、恰切应对，同时发展其书面语言运用能力，为学生的学习生活注入新鲜的力量，这与"创造是一种人际行为，因而离不开语言"观点一致。情景语文课程，追求让现实生活的细节流动在语文课堂上，让少年的眼眸透过书页投射到现实生活中，在创设的情景中凝视现实，在凝视现实中审视问题，在审视问题中创造未来。一帧好的语文情景片既能够细腻、妥帖、优美地折射出现实生活的本真，又能够符合学生心理的视觉

---

① 中华人民共和国教育部. 义务教育语文课程标准（2011年版）［S］. 北京：北京师范大学出版社，2012：6.

② 范卫宁. "浅议语文与创造的五种关系"［J］. 师道，2000（7、8）：69-70.

形象。创设情景，使在心为志者，自然发言为声；感受情景，因这一抹风景，爱上整个现实生活。现实生活，是文学雪地里鸿雁的爪迹——循着它，窥见自然、人生与自己；凝视它，创造无限可能的未来⋯⋯

情景语文：在情景中采撷语文之乐

合肥市五十中学南校语文组现有教师20人。其中高级教师1人，一级教师16人，教学能手和教坛新秀2人。语文学科组秉持我校"大爱于心，致真于行"的教育理念，充分发挥团队合力，认真开展教研活动，以备课组为单位进行听课、说课、磨课活动，以教研组为单位开展教学研究，并依据《教育部关于深化课程改革落实立德树人根本任务的意见》《义务教育语文课程标准（2011年版）》等文件精神，推进我校"情景语文"课程群建设，打造出了富有生命活力、和谐互动、尊重个性的课堂，深受学生喜爱。

让语文学习富有场景感

一、学科价值观

《义务教育语文课程标准（2011年版）》指出："语文课程应培育学生热爱祖国语文的思想感情，指导学生正确地理解和运用祖国语文，丰富语言积累，培养语感，发展思维，使他们具有适应实际需要的识字和写字能力、阅读能力、写作能力、口语交际能力。……使他们提高思想道德修养和审美情趣，逐步形成良好的个性和健全的人格。""语文课程是实践性课程……是学生学习运用祖国语言文字的课程，应该让学生多读多写，日积月累，在大量的语文实践中体会、把握运用语文的规律。"①

基于此，我们确定"情景语文"的核心价值观是：创设并带领学生进入情景，感受生活，热爱生活，能创造地运用祖国语言文字，表达自己的生活志趣，进而养成良好的个性和健全的人格。"情景语文"就是让语文学习富有场景感，在对生活的感受与热爱中创造地表达自我。

二、学科课程理念

《义务教育语文课程标准（2011年版）》指出，语文课程的基本理念之一是"全面提高学生的语文素养"。其中，阅读教学的重点是要激发学生的阅读兴趣，引导学生主动阅读，提升学生阅读品质。写作教学的重点是"培养学

---

① 中华人民共和国教育部.义务教育语文课程标准（2011年版）[S].北京：北京师范大学出版社，2012：2-3.

生对世界进行观察、思考、表达、评价的能力"。初中作文教学的方向是"写作要有真情实感，力求表达自己对自然、社会、人生的感受、体验和思考。多角度观察生活，发现生活的精彩，能抓住事物特征，有自己的感受和认识，表达力求有创意"①。

苏霍姆林斯基说过"所有智力工作的开展都依赖于兴趣"②。这告诉我们让学生带着兴趣走进文本，是培养学生主动阅读，并进一步从阅读过渡到写作的最好方法。这同时体现了淡化文体意识，注重语言运用能力；淡化理论讲解，注重实际操作；淡化名词术语，注重实例、比较、启发的精神。只有恰当运用有效的教学策略才能为学生创设广阔的语文教学情境，才能使学生表达出自己真实的主观感受。

如今，青少年对生活的感受异常淡薄，主要是由于他们难以体验到生活的乐趣，因而更谈不上发现生活中的美。为此，语文学科组制定了让学生在情景中采撷语文之乐的"情景语文"课程，让语文学习富有场景感。

创设情景，就是在语文教学中，尽可能地创设让学生动口、动眼、动脑、动手的实践性教学情景，以激发学习兴趣，增强参与意识，调动其思维的积极性、主动性和创造性，最终达到发展学生综合素养的教育目的。

创设情景，能够激发学生参与课堂教学活动的积极性。兴趣是学习最好的动力，教育的重要价值就在于，使人在学习中不断发现自我、完善自我，并实现自我，使个体生命焕发出耀眼的光辉。布鲁纳的"发现学习"理论强调学习的最好动机是对所学材料的兴趣，而不是奖励、竞争之类的外在刺激。

创设情景，能够让学生更好地感受生活。现代教学技术手段新颖、直观、形象、艺术化，可以创设出悦耳、悦目、悦心的教学情景，使学生产生如见其人、如闻其声、如临其境的感受。在创设的情景中诱发情感体验，进而丰富生活经验，是涵养学生情感的一种新型途径。积累的经验越多，感情就越真挚，思维就越灵活，就越能激发他们的求知欲望和探索精神。

---

① 中华人民共和国教育部.义务教育语文课程标准（2011年版）［S］.北京：北京师范大学出版社，2012：16.

② 皮亚杰.教育科学与儿童心理学［M］.北京：文化教育出版社，1982：25.

第二节

在情景凝视中创造无限可能

《义务教育语文课程标准（2011年版）》指出："语文课程致力于培养学生的语言文字运用能力，提升学生的综合素养，为学好其他课程打下基础；为学生形成正确的世界观、人生观、价值观，形成良好个性和健全人格打下基础；为学生的全面发展和终身发展打下基础。语文课程对继承和弘扬中华民族优秀文化传统和革命传统，增强民族文化认同感，增强民族凝聚力和创造力，具有不可替代的优势。"[①]因此，我校以"情景语文"为抓手，在课堂上适当创设情景，让学生在凝视中审视现实，感受生活，热爱生活，表达生活，创造无限可能的未来。

一、学科课程总目标

依据语文学科"语言建构与运用""思维发展与提升""审美鉴赏与创造""文化传承与理解"四个方面的核心素养，确定我校语文学科课程总目标为：注重培养学生观察、思考、表达和创造的能力，能主动进行探究性学习，激发想象力和创造潜能，在实践中学习和运用语文。能具体明确、文从字顺地表达自己的见闻、体验和想法。能根据需要，运用常见的表达方式写作，发展书面语言运用能力。具体而言，我校的语文课程目标如下：

1. 阅读目标。通过课内文章内容的学习和课外各类优秀文学作品的阅读，了解作品中的语言美、画面美、音韵美、结构美等，并扎实语言基础，坚持

---

① 中华人民共和国教育部.义务教育语文课程标准（2011年版）[S].北京：北京师范大学出版社，2012：1.

积累，学会运用，提高阅读能力和文学修养。

2. 写作目标。引导学生在情景中认识世界、认识自我、创造性地表达。鼓励学生说真话、实话、心里话，避免说假话、空话、套话并抵制抄袭行为。为学生的自主写作创设有利的情景，减少对学生写作的束缚，鼓励自由表达和有创意的表达。鼓励写想象中的事物，加强平时练笔指导，改进作文命题方式，提倡学生自主选题。写作教学应抓住取材、立意、构思、起草、加工等环节，指导学生在写作实践中学会写作。重视引导学生在自我修改和相互修改的过程中提高写作能力。积极合理利用信息技术与网络优势，丰富写作形式，激发写作兴趣，增加学生创造性表达、展示交流与互相评改的机会。

3. 价值目标。学生通过课内文章内容的学习和课外各类优秀文学作品的阅读，联系生活实际，体验和发现生活中的真善美。关注现实，热爱生活，积极向上，在自己的作品中表达真情实感，发表自己的见解和观点，弘扬正确的人生观、价值观和世界观。

二、学段目标

学生在初中义务教育阶段分成七、八、九三个年级来学习语文学科。现制定年级目标如下：

1. 七年级课程目标：识字与写字目标是能熟练地使用字典、词典独立识字，会用多种检字方法；累计认识常用汉字3 500个，会写3 000个左右常用汉字。阅读目标是能用普通话正确、流利、有感情地朗读。养成默读习惯，有一定的速度，阅读一般的现代文每分钟不少于500字。能较熟练地运用略读和浏览的方法，扩大阅读范围，扩展自己的视野。在通读课文的基础上，理清思路，理解主要内容，体味和推敲重要词句在语言环境中的意义和作用。价值目标是对课文的内容和表达有自己的心得，能提出自己的看法和疑问，并能运用合作的方式，共同探讨疑难问题。在阅读中了解记叙、描写、说明、议论、抒情等表达方式。能够区分写实作品和虚构作品，了解诗歌、散文、小说、戏剧等文学样式。综合性学习目标是能自主组织文学活动，在办刊、演出、讨论等活动过程中，体验合作与成功的喜悦。能提出学习和生活中感兴趣的问题，共同讨论，选出研究主题，制定简单的研究计划，从报刊、书籍或其他媒体中获取有关资料，讨论分析问题，独立或合作写出简单的研究报告。写作目标是培养学生的写作兴趣和良好的写作习惯，初步培养写人记事的能力。写作要有真情实感，力求表达自己对自然、社会、人生的感受、体验和思考。多角度观察生活，发现生活的丰富多彩，表达意图明确，内容具体充实，有自己的感受和认识，表达力求有创意。整个学年段作文练笔不少于14次，其他练笔不少于1万字。45分钟内能完成不少于500字的习作。

2. 八年级课程目标：写字目标是在使用硬笔熟练地书写正楷字的基础上，学写规范、通行的行楷字，提高书写的速度。阅读目标是欣赏文学作品，能有自己的情感体验，初步领悟作品的内涵，从中获得对自然、社会、人生的有益启示。对作品的思想感情倾向，能联系文化背景做出自己的评价；对作品中感人的情境和形象，能说出自己的体验，品味作品中富于表现力的语言。阅读科技作品，注意领会作品中所体现的科学精神和科学思想方法。阅读简单的议论文，区分观点与材料（道理、事实、数据、图表等），发现观点与材料之间的联系，并通过自己的思考做出判断。诵读古代诗词，有意识地在积累、感悟和运用中，提高自己的欣赏品味和审美情趣。浅易文言文，能借助注释和工具书理解基本内容。背诵优秀诗文80篇。口语交际目标是能注意对象和场合，文明得体地进行交流；耐心专注地倾听，能根据对方的话语、表情、手势等，理解对方的观点和意图；自信、负责地表达自己的观点，做到清楚、连贯、不偏离话题；注意表情和语气，使说话有感染力和说服力。在交流过程中，能根据需要调整自己的表达内容和方式，不断提高应对能力。综合性学习目标是关心学校、本地区和国内外大事，就共同关注的热点问题，搜集资料，调查访问，相互讨论，能用文字、图表、图画、照片等展示学习成果。写作目标是学会多种文体的写作，根据生活需要，写常见应用文，如撰写新闻稿和演讲稿。能抓住事物的特征写简单的说明文。注重写作过程中搜集素材、构思立意、列纲起草、修改加工等环节，提高独立写作的能力。写作时能考虑不同的目的和对象。根据表达的需要，围绕中心，选择恰当的表达方式。合理安排内容的先后和详略，条理清楚地表达自己的意思。运用联想和想象，丰富表达的内容。正确使用常用的标点符号。学年练笔一般不少于14次，其他练笔不少于1万字，45分钟内能完成不少于600字的习作。

3. 九年级课程目标：写字目标是临摹名家书法，体会书法的审美价值。阅读目标是了解基本的语法知识，用来帮助理解语言上的难点；了解常用的修辞方法，体会它们在课文中的表达效果。了解课文涉及的重要作家作品知识和文化常识。能利用图书馆、网络搜集自己需要的信息和资料。学会制订自己的阅读计划，广泛阅读各种类型的读物，课外阅读总量累计不少于260万字，本学年阅读两三部名著。口语交际目标是讲述见闻，内容具体，语言生动；复述转述，完整准确、突出要点；能就适当的话题作即席讲话和有准备的主题演讲，有自己的观点，有一定说服力；课堂内外讨论问题，能积极发表自己的看法，有中心、有条理、有根据，能听出讨论的焦点，并有针对性地发表意见。综合性学习目标是掌握查找、引用资料的基本方法，分清原始资料与间接资料的主要差别；学会注明所援引资料的出处。写作目标是写简单的议论性文章，做到观点明确，有理有据，论证合理。能从文章中提取主要信息，进行缩写；能根据文章的基本内容和自己的合理想象，进行扩写；能变换文章的文体或表达方式等，进行改写。根据表达的需要，借助语感和语文常识，修改自己的作文，做到文从字顺。能与他人交流写作心得，互相评改作文，以分享感受，沟通见解。学年练笔一般不少于14次，其他练笔不少于1万字，45分钟内能完成600字及以上的高质量习作。

但是，在学科课程建设过程中，仅仅知道年级的笼统目标是很难指导课程建设的，我们必须清楚每一学期各单元的具体目标。因此，我们在课程标准的指导下，依据教材和教学用书，梳理了单元课程目标，例如表3-1呈现了七年级下学期语文学科课程目标。

表3-1　七年级下学期语文学科课程目标表

内容单元	共　同　要　求	校　本　要　求
第一单元	1. 了解课文所涉及的杰出人物的成就和襟怀，把握课文的思想内涵，唤起学生的理想与抱负。 2. 学习精读的方法，注意把握牵动全篇的关键语句或段落，揣摩品味其含义和表达的妙处。 3. 通过对细节描写的分析，把握人物特征，理解人物的思想情感。 4. 引导学生把握人物外在特点和内在精神之间的关系。 5. 学习运用具体的描写、叙议结合等手法来表现人物精神。	1. 加强对正楷字的书写要求，积累并运用本单元重点生字词。 2. 了解细节描写及其常见类型，理解细节描写在文本中的作用。 3. 通过对课文的学习，学会根据主旨表达的需要进行选材、剪裁。 4. 对文言中人物的对话字斟句酌，揣摩品味其表达的妙处，初步掌握劝说的技巧。

（续表）

内容单元	共 同 要 求	校 本 要 求
第二单元	1. 感受本单元课文表现的家国情怀，能说出自己的体验。 2. 引导学生在情感体验的基础上，了解直接抒情和间接抒情并理解其表达效果，体会作品的抒情方式。 3. 细心揣摩课文的精彩段落和关键语句，学习做批注。 4. 启发学生把握好抒情的度，学习基本的抒情方法。 5. 积极参与"天下家国"学习活动，懂得个人与国家的命运是息息相关的，在参与故事会、诗歌朗诵会、名言展示会的过程中，掌握收集、整理资料的方法，积累知识，激发心志，陶冶情操。	1. 继续加强对正楷字的书写要求，积累并运用本单元重点生字词。 2. 初步了解现代诗的特点，能涵泳品味语言并调动自己的体验和想象赏读诗歌。 3. 学生通过课文的学习及综合性学习活动的开展，感受到国家和民族的凝聚力，激发学生的爱国主义情感。 4. 学习掌握圈点批注的阅读方法，深入咂摸文本语言，记下自己的点滴体会。
第三单元	1. 了解不同叙事文体的基本特征，学会从标题、详略安排、角度选择等方面把握文章重点，提高整体把握文章结构层次的能力。 2. 加强文本细读，关注细节描写以及前后内容的内在联系，揣摩人物心理，把握人物形象特点，体会平凡人物身上闪光的品格。 3. 结合文体特点和作者的叙事风格，展开多样形式的诵读，加深对作者情感态度的理解和对文本意蕴的体悟。 4. 学习捕捉生活的细节，注意在写作中运用细节描写来刻画人物、表达情感。	1. 积累并运用本单元重点生字词，继续加强正楷字的规范书写要求。 2. 阅读时注重熟读精思，能从开头、结尾、文中的反复及特别之处发现关键语句，感受文章的意蕴。 3. 能区分文本中的记叙、议论、描写、抒情等多种表达方式。 4. 进一步掌握圈点批注的读书方法，并能独立自主地运用到文学作品阅读中去。 5. 指导学生发掘生活中值得写作的细节并能运用语言进行恰当描摹。
第四单元	1. 学习课文，从不同角度感受中华美德以及时代对这些美德的呼唤。 2. 学习略读，根据一定的目的或需要，确定阅读重点，其他文字则可以快速阅读。 3. 在阅读的过程中，对内容和表达等要产生自己的感受和心得。 4. 在阅读教学和既有写作积累的基础上，帮助学生认识直接材料和间接材料。 5. 拓展阅读，引导学生体会选材对于写作的意义，学习选材的方法并运用到写作实践中去。 6. 通过"孝亲敬老"综合性学习，深入体会"老吾老以及人之老"的含义，在日	1. 积累并运用本单元重点生字词，继续加强正楷字的规范书写要求。 2. 初步了解"铭""说"等古代文体知识，学会查阅工具书自主解决古文阅读中的字词疑难。 3. 指导学生在写作时从生活中选材，围绕中心选材，并努力做到真实、新颖。 4. 通过小组交流合作，取长补短，尝试设计和制作简单的公益海报。

内容单元	共 同 要 求	校 本 要 求
第四单元	常生活中能真正做到体谅父母、关心父母、敬爱老人；学会活动的策划、组织与实施，提高组织能力、合作能力、与人沟通交流的能力；懂得一些制作海报的基本知识，能够设计、制作校园海报。	5. 对文本和现实生活现象能提出自己的看法和疑问，并能运用合作的方式，共同探讨疑难问题。 6. 潜移默化中培养学生的美好品德。
第五单元	1. 感受课文中蕴含的丰富人生哲理，激发对自然、社会、人生的关注和思考。 2. 借助具体文字，感受语言之美，并进一步了解托物言志的手法。 3. 运用比较的阅读方法，感受作品的异同，加深对课文的理解。 4. 通过观察、描述景物，培养学生厘清思路、连贯表达的能力。 5. 通过交流、修改文章，培养学生推敲字句的习惯和能力，提升文从字顺的能力。	1. 积累并运用本单元重点生字词，继续加强正楷字的规范书写要求。 2. 初步感知外国诗歌与中国古诗词的区别，诵读古诗词，体会古人表达的情感，理解诗歌中蕴含的哲理，学以致用。 3. 通过对课文的学习，体会如何用生动形象的语言写景状物，寄寓自己的情思，抒发对社会人生的感悟。
第六单元	1. 通过本单元的学习，让学生理解并体验到这种探险与科学幻想在人类科学发展历史中的伟大价值。 2. 让学生尝试并逐步学会运用浏览的阅读方法，以利于不断拓展自己的阅读范围与阅读视野。 3. 培养学生的科学精神，并在阅读文章的基础上有所思考和质疑。 4. 了解语言简明的基本要求，在比较阅读中，体会"简明"的内涵，把握使语言简明的方法。 5. 养成在生活中学习语文的良好习惯，提高规范用字的能力，增强对广告词、对联的欣赏能力。	1. 积累并运用本单元重点生字词，继续加强正楷字的规范书写要求。 2. 初步了解科幻小说的特点，掌握科幻作品的阅读方法，进而感受想象性作品"无中生有"的魅力。 3. 继续积累文言词汇，训练阅读浅近文言文的能力，引导学生独立思考，训练质疑思辨能力。 4. 养成修改文章的习惯。

在实际教学中，各学年段平时都需加强练笔，可从模仿优秀课文开始，鼓励学生抒发真情实感，调动学生写作积极性，培养学生观察力和思考力，积极思考生活中的道理，并用笔记录。

教师适时创设和营造一定的情景，让学生从生活出发，从自身出发，读懂文本，写身边事，抒真情感。真正激发学生的阅读与写作兴趣，培养其爱国主义、集体主义、社会主义思想道德和健康的审美情趣，发展个性，培养创新精神和合作精神，逐步形成积极的人生态度和正确的世界观、价值观。

第三节

追寻文学雪地里鸿雁的爪迹

基于"情景语文"课程理念和目标，针对七、八、九年级学生学习的阶段性特点，结合语文学科课程标准，我们设置灵活多样的教学内容与方式，以满足学生不同阶段的需求，分阶段、分层次地使学生形成良好的语文学习能力，让其循着文学雪地里鸿雁的爪迹，窥见自然、人生与自己。

一、学科课程结构

《义务教育语文课程标准（2011年版）》指出："重视学生读书、写作、口语交际、搜集处理信息等语文实践，提倡多读多写，改变机械、粗糙、烦琐的作业方式，让学生在语文实践中学习语文，学会学习。"[①]在此基础上，结合我校"情景语文"课程性质与理念，我们从情景课堂、情景阅读、情景作文、情景对话、情景综合实践五个方面构建我校"情景语文"课程体系（见图3-1）。

各版块课程内容如下：

1. 情景阅读。广泛阅读各种类型的读物，特别要选择适合初中生阅读的经典散文、诗歌、古文，增加积累的同时，形成自己的情感体验，初步领悟作品的内涵，提高自己的欣赏品位，力求达到学以致用，从中获得对自然、社会、人生的有益启示。

---

① 中华人民共和国教育部.义务教育语文课程标准（2011年版）［S］.北京：北京师范大学出版社，2012：20.

图3-1 "情景语文"课程结构图

2. 情景课堂。通过组织各种文学活动，如办刊、演出、讨论等，让学生体验合作与成功的喜悦。在关心学校、本地区和国内外大事的同时，能就共同关注的热点问题，搜集资料，调查访问，相互讨论。能用文字、图表、图画、照片等展示学习成果。通过书刊或其他媒体获取有关资料，讨论分析问题，独立或合作写出简单的研究报告。

3. 情景作文。学生通过各种形式的写作训练，通过搜集素材、构思立意、列纲起草、修改加工等环节，提高独立写作的能力。在提升写作能力的同时，加深对生活的感悟。

4. 情景对话。教师预设情境让学生进行口语表达训练，以此来提高学生驾驭语言的能力，其目的在于提高学生的语言综合运用能力。教师通过组织课本剧、演讲、集体辩论、合作朗诵等生动有趣的活动，来激发学生表达的欲望，训练学生的口语表达能力，初步达到表达通顺、思路清晰的目的，最终达到语言优美、逻辑严谨的目标。这一系列活动帮助学生在真实情境中逐渐加强自己的情感体验。

5. 情景综合实践。通过创设一种动态、开放、主动的学习环境，学生亲身参与实践，并将所学知识应用于实践，在实践中获取信息时代所需的各种知识和能力。在教师的指导下，学生结合自身兴趣，从自然、社会和生活中选择和确定研究专题，主动地获取知识、应用知识、解决问题，从中发展学生的创新能力、实践能力以及良好的个性品质。

二、学科课程设置

围绕"情景语文"课程理念，我校设置了各年级的课程。学科课程设置依托部编版教材，贯穿七、八、九三个年级，由简到难，循序渐进。具体内容安排如下（见表3-2）。

表3-2 "情景语文"课程设置

学期 ＼ 课程	情景课堂	情景阅读	情景作文	情景对话	情境综合实践
七年级上	最美诗词朗诵大赛	经典散文、诗歌选集、	写人记事	讲述	少年读书勤学时
七年级下	青藤文学社征文比赛	经典散文、诗歌选集	写人记事	复述、转述	大爱于心不忘本
八年级上	最美诗词品读大赛	经典小说、经典散文	描写景物	应对	诚信为本做真人
八年级下	"青春·梦想"主题演讲比赛	唐诗宋词、古文典籍、	简单说明文写作	即席讲话	文化遗产心中晓
九年级上	最美诗词默写大赛	唐诗宋词、古文典籍、	简单议论文写作	讨论	自强不息奋发为
九年级下	优秀习作展	读书报告	作文润色	辩论	初中生活回首谈

于情景中探寻生活的本真

《义务教育语文课程标准（2011年版）》强调教师应"积极开发、合理利用课程资源，灵活运用多种教学策略和现代教育技术，努力探索网络环境下新的教学方式；精心设计和组织教学活动，重视启发式、讨论式教学……善于通过专题学习等方式，沟通课堂内外，沟通听说读写，增加学生语文实践的机会。"①"情景语文"在教学实践中结合现代教育技术为学生创设良好的学习情景，沟通课堂语文学习与实际生活经历，以唤醒其阅读、写作、交流的欲望，感受语文的魅力，探寻生活的本真。

一、创设"情景课堂"，提升语文课程品质

创设"情景课堂"，即在课堂教学中再现或营造具体生动的形象或场景，唤醒学生阅读与写作的兴趣。

（一）"情景课堂"的实施

1. 利用偶然发生的事件或创设的情景写作。偶然发生的事，新鲜、真实、直观，学生观察的时候注意力很集中，在脑海中留下的印象深刻。教师注意引导，认真提炼，就可作为写作的内容。此外，教师可以"人设"一些情景让学生观察后写作。这些情景的设置一定要有意义，引导学生观察的时候要设置一点悬念。这样，学生观察时注意力会更集中一些，获取的体验会更具

---

① 中华人民共和国教育部.义务教育语文课程标准（2011年版）[S].北京：北京师范大学出版社，2012：19-20.

体一些。

2. 利用课文触发的情感对学生进行引导。在课文教学中，经常会有引起学生共鸣的文本，如朱自清的《背影》、鲁迅的《故乡》、张之路的《羚羊木雕》等，都能引起学生的共鸣。教师分析完课文后，如果能够抓住触发学生情感的点去引导，让学生"有感而发"，一定能更深入地体会文本内涵，理解思想意蕴。比如，学了《背影》后，学生会对"父爱"有所感触，即使有个别学生对"父爱"没有印象，也可以把这种爱迁移到其他亲人身上，就可以引导学生通过"背影"来感受亲情。

3. 利用多媒体创设特定情景进行教学。多媒体情境教学模式可以丰富教学材料，增加学生语文课上的兴趣和活力。很多事情，只通过教师的叙述，会有疏离感，而多媒体资源却能给学生留下生动、深刻的印象。一首简单的歌曲，一段简短的视频，一个色彩缤纷的画面，可以让学生从听觉和视觉上直观感受，很好地引起学生对教学内容的关注，并很快进入理想的阅读写作环境。这样的教学过程能让学生拥有寻找美丽的眼睛，掌握记录美丽的笔。多媒体情境教学模式既可以激发学生学习文本的热情，又可以发展学生的观察能力和思维能力。

（二）"情景课堂"的评价

我们依据课程标准，依据《义务教育语文课程标准（2011年版）》对"情景课堂"的实施进行评价。

知识与能力角度：通过对学生课程学习前后状态的对比研究，明确学生阅读及写作方面的知识掌握量、读写能力的提升幅度。过程与方法角度：注重在阅读中教师创设的情景能否很好地帮助学生沉入文本，学生能否采用恰当的方法进行阅读；在写作中，学生写作的耗时与作文质量的优劣关系，教师所采取的方法能否很好地调动学生写作的积极性。情感、态度与价值观角度：关注学生通过阅读能否涵养性情，提升文化品位；学生作文内容所呈现的价值观是什么，流露的情感是否健康，对生活的态度如何。为有效观测情景课堂实施效果，我们以上述三个维度为依据，制定了具体的评价标准（见表3-3）。

表3-3 "情景课堂"评价量表

评价要素		具 体 评 价 标 准	评 价
课堂目标		1. 结合课标，制定准确的教学目标。	
		2. 制定的目标符合生情，适合学生发展。	
		3. 依据教学目标，选择合理的教学内容，重、难点突出。	
		4. 能对教材进行整合或者创新，创造性地运用教材。	
教法实施		1. 教学方法多样有效，能突破教学重、难点。	
		2. 教学过程环环相扣，循序渐进。	
		3. 提出的问题精准、有探究的价值。	
		4. 注重师生互动、生生互动，培养学生探究式的学习能力。	
评价活动	学习效果	1. 完成预期教学任务，大多数学生达到教学目标。	
		2. 不同层次的学生在原有水平的基础上得到相应的提高。	
		3. 师生互动，生生互动，教学相长。	
		4. 学生通过融洽愉悦的课堂活动，体验到成功与快乐。	
	课堂评价	1. 教师、学生、小组多主体参与评价。	
		2. 采用多样的评价方式，对学生进行指向性与激励性评价。	

二、开展"情景阅读"，有效提升读写能力

我校开展多种多样的阅读活动，为学生的语文基础、知识储备、写作技能奠基。

（一）"情景阅读"的实施

1. 定期开设经典诵读课。各年级各班级每周以经典诵读课为载体，做好阅读教学的拓展。经典诵读课力求做到学科整合，如诗文诵读课，既可与音乐学科结合，教师可寻找恰切的音乐，将诗文诵读与音乐融为一体；又可与美术学科结合，给经典诗文配画，加深学生对诗文意象、意境的理解。

2. 开展传统文化学习竞赛活动。传统文化是我国民族文化教育精神的一个庞大载体，是我们民族生存的根基，也是我们民族精神的纽带。通过文化经典，民族精神才得以传播和不断发展。开展传统文化学习活动是培育民族精神的重要途径，意义深远。可以在青少年纯真的心灵中潜移默化地产生作用，逐渐培养青少年高尚的人格，开启青少年的创新思维，从而为青少年

一生中具有高远的智慧和优秀人格与秉性奠定基础，让他们更文雅，更具文化气质。

3. 学校图书室提供阅读书目和场所。增加中学生的阅读量是提高其语文素养的有效手段，我校语文教研室与图书室合作，依据国家语言文字工作委员会组织编写的《中华经典诗文诵读读本》及《义务教育语文课程标准（2011年版）》中规定的必读诗文，组织编写了"诵读国学经典　弘扬传统文化"的校本课程教材书目，具体包括古诗文背诵篇目、课外阅读推荐篇章和书目。

（二）"情景阅读"的评价

为有效评估"情景阅读"的实施情况，我们对不同的活动明确了具体要求：在校期间，上好经典阅读和海量阅读校本课，并引导学生利用课外时间，每天至少诵读20分钟。早读由班干部负责诵读或看书吟诵活动。语文课前3分钟则由语文老师负责，见缝插针，充分利用每天语文课前3分钟时间，开展"课前一吟"活动，做到读而常吟之，"学而时习之"。每月利用周末读一本好书，并在此基础上，制定了详细的"情景阅读"评价量表（见表3-4）。

表3-4　"情景阅读"评价量表

评价目标	目 标 描 述	评价结果
出勤率	按时参与每次活动，按照90％、60％的出勤率评定等级。	
学习态度	态度端正，积极主动，正视学习过程中的挫折和困难，有挑战困难和解决问题的坚定信心和勇气。	
活动参与	以饱满的热情主动参与到学习活动中去，认真投入，专注程度高。深度思考，大胆质疑，乐于表达见解。	
小组合作	有良好的沟通交流、互助合作能力，敢于提出自己的想法，并乐于借鉴同伴的建议，勇于承担学习和研究任务。	
成果展示	形成有独到见解、规范体系的研究成果，提升自己语文学科某一方面的能力和素养。	

三、开展"情景写作"，提升学生写作水平

为改善当前作文教学存在的一系列问题，我们开展了"情景写作"活动，

密切联系学生生活实际，力求拓宽学生的习作空间，确立学生的主体地位，重视情感动力作用，启发学生大胆想象，给学生创造表达情感体验的机会，使学生养成观察周围事物、积累习作素材、乐于表达的习惯，鼓励自由地表达和有创意地表达。

（一）"情景写作"的实施

1. 通过学校、班级开展的活动进行引导。学校的一些常规活动，如"升旗仪式""运动会""校园文化艺术节"等为学生写作提供了鲜活的素材。此外，我们学校还开展了"'向上向善'好少年表彰会""消防演练""入学教育""徒步大蜀山""植树""动员会""唱校歌"等活动。学校开展的每一项活动都有它的意义。如果教师们能够在开展活动之前提醒学生认真观察、仔细聆听，并在活动结束后，给予写作上的指导，甚至写出"下水作文"，给予学生示范引导，让学生"言之有物"，仿写有路，对学生的作文一定会有帮助。

2. 学校文学社开展多种写作活动。学校"青藤"文学社以"培养兴趣、汲取知识、开阔视野、交流心声、发挥才能"为宗旨，丰富学生课余生活，全面提高学生语文素养，提高学生的写作水平，增强学生的思维能力、审美能力和创造能力。

（二）"情景写作"的评价

"情景写作"应高度重视课程资源的开发与利用，创造性地开展各类活动，增强学生在各种场合学语文、用语文的意识，通过多种途径提高学生的语文素养。"青藤"文学社组织丰富多彩的阅读写作和展示活动，并制定了"情景写作"活动具体评价标准（见表3-5）。

表3-5 "情景写作"活动评价量表

评价项目	具 体 评 价 标 准	评价等级		
		A	B	C
写作内容	1.从学情出发，符合学生的认知水平和身心特点。			
	2.关注学生的兴趣点，选题生动有趣，学生参与热情高。			
	3.符合课程的培养目标，为目标的达成服务。			
	4.体现文学社特色，注重创新。			

评价项目	具 体 评 价 标 准	评价等级		
		A	B	C
活动参与	1. 能认真做好活动前期的各项准备。			
	2. 能积极主动地参与并独立完成写作任务。			
	3. 能主动与他人互助合作、交流与分享。			
	4. 能根据活动内容及要求完成活动任务。			
写作效果	1. 自主思考、写作，有真实的情感体验。			
	2. 学会与人协作交流，学会反思。			
	3. 知识面拓宽，综合运用写作技法的能力得到提高。			
	4. 学习和创新意识增强。			

第五节

让情境语文生根开花

为适应当前教育的发展形势及新课改的要求，我们将情境教学的方法融入语文教学中，由教师提供资料，如形象情境、角色情境、事实情境、艺术情境以及供猜想、联想、辨疑的情境等，帮助学生深入文本，体会内涵，开阔思维，热爱写作。而达到这一教学效果离不开有效的课程管理，我们拟从制度保障、课程研讨、教师成长三个方面来保证课程的落地执行。

一、制定"情景语文"实施制度，保证课程有序推进

我们深知只有构建专业化的课程管理制度，才能促进课程的有效实施及持续有效开展，于是制定了具体要求、评价标准以及管理办法等相关文件，为课程开发与实施提供制度保障。

课程的实施管理，一要注重构建科学课程操作模式的六大步骤：组织建立，现状分析，目标拟订，方案编制，解释与实施，评价与修订。二要激活教师主动发展的内驱力。语文教师的专业化发展成为语文课程建设的关键，使课程构建更具活力，我们力求把创造还给教师，让课程充满智慧的挑战；把发展还给教师，让课程成为成长的家园。将课程开发与常规教育教学活动、教研活动、教研组集体备课等有机整合，结合校本培训，使教师参与研究课程的开发与实践。三要规范实施过程，规避课程缺失，促进每一个孩子全面、和谐发展。学校、各处（室）和年级教研组形成三级管理网络，各级管理机构在各自的职责范围内实施对课程的管理。具体包含以下三个方面的制度

建设：

1."情景语文"学科建设制度。一是课程开发重心化：语文教研组负责学科课程的开发、管理、实施和评价。聆听学生的内心需求与发展意愿，根据学生的培养目标，兼顾教师的个性特点和兴趣特长，挖掘地方学科特色资源，开发适合于校情和学情的语文学科课程。原则上每位教师参与一门拓展或活动课程的开发，并作为教师专业发展和考核的重要依据。二是教研活动项目化：教研活动定点定时召开，形式有集体备课、评课、理论学习等；公开课活动定时定点进行，利用团队项目化研究的方式，建立突破教育教学难点的研讨平台，促进教师专业素养的整体提升，提高团队协作意识，同时，也为学校提高教育教学质量提供了保障。

2."情景语文"成果分享制度。开展期末课程成果分享活动，促进各课程间的相互观摩与学习、切磋与交流，邀请学生、家长与学校参与课程意见征集，从而完善语文学科课程构建、实施与评价。

3."情景语文"质量评价制度。评价、课程、课堂被称为教育内涵发展、品质提升、本质展现的三大内容，因此，教育质量综合评价改革也应在更高的层面上进行思考和推进。学校多次审视评价体系，确定了三个方面的评价内容：学生综合评价、教师综合评价、课程综合评价。具体实施如下：（1）学生综合评价。改变传统的评价方式，关注学生的学习过程与可持续发展。构建符合学生综合素质发展的多元评价体系，发挥评价的引领和激励功能。过程性评价采用观察记录的方法，结合师评，学生自评、互评等形式，对学生在课程学习过程中进行常规评价，根据各年级学期初所制定的评价标准与方法，定期反馈评价结果。活动性评价将紧密结合学生、资源、教师、学校文化的实际，逐步形成多样化、个性化、持续化、易操作的评价机制，通过开展"情景作文教学月"及特色活动，对学生的学科素养进行评价。（2）教师综合评价。对语文教师的教育教学工作加强质量监控，实施质量过程性管理。不断优化教学手段，发挥引导作用，进一步彰显"情景语文"课堂特色。（3）课程综合评价。以情景课堂评价量表、情景阅读评价量表、情景写作活动评价量表为抓手，对课程实施进行综合评价，总结经验，改进不足。

二、开展"情景语文"课程研讨，梳理教师成功经验

1. 搭建"情景语文"教学论坛。论坛的内容包括对语文教学的整体认识和宏观把握，对课程标准、教学要求、教材编排的理解，对教学重、难点的把握，在实际教学中遇到问题的具体解决，自身业务能力的提升，课堂教学授课质量的提高，教法的改进和学法的指导等。针对以上内容，分别设立语文教学的情景沙龙活动。教师业务成长的过程也是教师生命成长的过程，可以通过教师与教师之间的互动式积累，实时进行总结归纳，学校有计划、有目的地进行展示和共享。梳理语文教师的成功经验，确立专业发展"支撑点"。学术沙龙，可以让教师清楚地感知自身业务价值，从而为自己的业务发展定位。

2. 召开"情景语文"年会。除积极参与省、市举办的语文年会外，我校每年举办一次"作文教学的情景主题研讨"年会，与区域联动教研活动、五十中学天鹅湖教育集团校本研究活动结合，举办"专家谈写作""名师教写作""作文公开课"等系列活动，邀请语文专家学者、省市语文学科名师来校参与活动，分享成果。学校多次开放课堂并为教师搭建平台，使教师有更多机会观摩、学习和展示，鼓励教师积极参加各级评优课、基本功竞赛、学科课题研究等业务进修，多渠道为教师提高学历层次和业务水平创造条件。

3. 申报品质语文课题。以课程建设开发为契机，积极申报省市级研究课题，或者设立一些子课题进行相关研究。以语文课题为引领，以杨四耕教授团队课程群开发为契机，积极申报省市级研究课题，引领我校语文学科课程建设。

三、促进"情景语文"可持续发展，提高教师专业素养

教研组以校本研修为平台，立足课堂教学改革，加强教育科研，积极探索高效的课堂教学策略，不断提高教育教学质量。以课例研究为主体，以学习、实践、反思、再实践为主要形式，加强课堂教学改革，不断增强教研组主动发展意识，形成具有学科特色的校本研修方式。通过理论学习，注重日常教学反思，自觉更新教育教学观念。通过校本研修，充分学习和理解学生核心素养和语文学科素养的关系，落实到学科教学实践中，做学习型、思考

型教师。通过课例研究，优化课堂教学策略，采用情境化的教学方式和数字化的技术支持，保障语文课堂教学的优质。通过培训和反思，及时总结和归纳，梳理并提炼教学经验，形成教师个体的、独特的教学智慧，从而形成教师个体和教研组的教学风格。

总而言之，"情景语文"课程的目标制定紧紧围绕课程标准要求与校情、学情实际，框架构建合理，实施推进有序，保障管理有矩，在潜移默化中激发学生阅读兴趣，创造性地表达自我，提高其语文能力和素养，养成良好的个性和完善的人格，促其健康成长。

（撰稿人：戈新强　汪敬智　周建国　李海涛　汪小艳）

第四章

语文与思维，如影随形。"人是一根有思想的芦苇"，思维力是一种让人克服软弱、直面苦难的生命韧劲。"致真语文"，让孩子沉浸在语言文字的海洋，品味语言深刻的内蕴，汲取文章深邃的思想，感知世间丰盈的情感。如此，"致真语文"便能赋予学生真知灼见，孕育其人格的醇香。

语文与思维：品味语言内蕴的醇香

叶圣陶先生在致范守纲的信中指出"语言与思维分拆不开……语言训练与思维训练同时并举"。具体而言：语言是思维的主要工具；思维制约语言；语言对思维起加工作用。语文教学中培养学生运用语言的能力，即培养学生通过语言理解别人的思维（汲取思想）的能力和运用语言表达自己的思维（输出思想）的能力。可见，语文课程在语言能力和思维品质之间搭建起了桥梁。

阅读、写作、口语交际、综合性学习活动等方式，在学生语言鉴赏与运用的实践中，激发学生质疑、探究、想象和创造的欲望，进而发展其逻辑思维能力，提升其思维品质。面对互联网情境下社会科技急速发展、信息资源大爆炸的现实，新时代学生亟须培养和提高发现、提出及解决问题的能力和打破常规、推陈出新的批判创新思维能力。

"求真"正是批判性思维的核心。致真的语文课堂，尊重文本之"真"，突显语文学习之"真"，培养学生的求"真"精神。一方面，通过海量阅读与深入阅读培养学生辩证地汲取思想的能力。"一语天然万古新，豪华落尽见真淳"，诸多美学家、文学评论家认为，"真"是优秀文学作品的重要特质。文学作品因"真"而历久弥香，在岁月的淘洗下愈见其淳朴、厚重。"致真语文"课程通过"湖畔书会——经典品析、悠游字林""湖畔论坛——雅语诗心、百家讲坛"等课程，提高学生独立阅读的兴趣与能力，给予其专业、实用的阅读方法，丰富语言积累，培养良好语感，提高文学阅读品质，鼓励学生进行研究性文学阅读，从而提高学生批判创新的思维能力。另一方面，通过写作实践与综合活动培养学生准确、细腻、深刻地输出思想的能力。求真，是希望学生正视现实，用不事雕琢的语言，发现生活、表达生活，并在这一过程中获得面对现实的精神力量。"致真语文"课程通过"湖畔笔会——语文行、湖畔试笔""湖畔行吟——论剑、观察、剧场"等课程，锻炼学生查找资料、统筹分析的能力，增进学生合作探究的意识，提高学生观察、感悟生活的主动性和思考能力，培养写作兴趣，提升写作能力。"人是一根有思想的芦苇"，思维力是一种让人克服软弱、直面苦难的生命韧劲。"致真语文"课程，引导学生探真知、明真理、感真情，让文学之真赋予少年真知灼见，孕育其人格的真淳。

致真语文：让语文孕育孩子人格的真淳

合肥市五十中学天鹅湖教育集团天鹅湖校区语文学科现有教师69人，其中正高级教师1人，高级教师12人，合肥市学科带头人3人，合肥市骨干教师8人，合肥市名师工作室领衔人1名，工作室成员4人，师资队伍优良，结构合理，教师具有较强的学科专业素养。近几年来，学科组秉持"致真语文"课程理念，借助校区毗邻安徽省历史博物院、地质博物馆，北临天鹅湖，西近大蜀山的地域优势，积极挖掘、整合、创造课程资源，不断深化课程改革，持续凝练课程文化，充分发挥团队合力，并依据教育部《关于深化课程改革落实立德树人根本任务的意见》《义务教育语文课程标准（2011年版）》等文件精神，大力推进我校"致真语文"课程群建设，取得了可喜的成绩。

涵养美好真性情

一、学科性质

《义务教育语文课程标准（2011年版）》中明确指出："语文课程是一门学习语言文字运用的综合性、实践性课程。义务教育阶段的语文课程，应使学生初步学会运用祖国语言文字进行交流沟通，吸收古今中外优秀文化，提高思想文化修养，促进自身精神成长。工具性与人文性的统一，是语文课程的基本特点。"①

由此可知，语文课程就是要引领学生在语言实践中学习语言、在文字运用中学习文字的同时，内化知识经验，把握思维方法，锤炼认知能力，提升审美修养，树立强烈的责任感，涵养美好真性情。

二、学科课程理念

《义务教育语文课程标准（2011年版）》指出："语文课程的建设应继承我国语文教育的优良传统，注重读书、积累和感悟，注重整体把握和熏陶感染；同时应密切关注现代社会发展的需要，拓宽语文学习和运用的领域，注重跨学科的学习和现代科技手段的运用，使学生在不同内容和方法的相互交叉、渗透和整合中开阔视野，提高学习效率，初步养成现代社会所需要的语文素养。"②

---

① 中华人民共和国教育部.义务教育语文课程标准（2011年版）[S].北京：北京师范大学出版社.2012：2.

② 中华人民共和国教育部.义务教育语文课程标准（2011年版）[S].北京：北京师范大学出版社.2012：2-5.

可见，语文学科综合性、实践性强，在培养求真精神上具有独特的优势，容易激发学生质疑、探究、想象、创造的欲望，培养关注社会、思考现状、展望未来的强烈责任感。

依据上述精神，结合我校语文学科实际情况，我们提出了"致真语文"课程理念。"致"者，使达到。"真"者，一是"真实"之意，即与客观事实相符合；二是"自然、本性、本原"之意。"致真语文"即通过具有我校特色的语文课程，以跨学科的语文实践为途径，引领和促进学生关注现代社会发展，强化阅读积累，形成学科思维，探求事物规律，涵养美好性情。简而言之，即引领学生探真知、明真理、感真情。

我们以提升学生的文学素养、文化品位为目标，以树立学生正确的世界观、价值观、人生观为核心，以开展丰富多彩的课程活动为路径，结合本校学生的实际情况，将"致真语文"课程的学科理念具体表述为：

"致真语文"是激发学生阅读兴趣、引领阅读价值取向的语文课程，是指导阅读方法、培养阅读习惯的语文课程，是扩展阅读面和提高阅读量的语文课程。

"致真语文"是激发学生写作兴趣、培养写作习惯的语文课程，是鼓励真情创意表达的语文课程，是引导学生热爱生活、亲近自然、关注社会的语文课程。

"致真语文"是强化学生交际参与意识、优化交际情意态度、提升表达沟通水平的语文课程。

"致真语文"是培养学生探究精神与合作态度的语文课程，是锻炼语文综合运用能力的语文课程，是扩大文化视野和涵养美好性情的语文课程。

第二节

追求语文真境界

一、学科课程总目标

《义务教育语文课程标准（2011年版）》指出，语文课程要"培育热爱祖国语言文字的情感，增强学习语文的自信心，养成良好的语文学习习惯，初步掌握学习语文的基本方法；在发展语言能力的同时，发展思维能力，学习科学的思想方法，逐步养成实事求是、崇尚真知的科学态度；能主动进行探究性学习，激发想象力和创造潜能，在实践中学习和运用语文。"①

据此，"致真语文"除了设立识字与写字、阅读、写作、口语交际、综合性学习五部分学习目标之外，还力求通过审美体验、活动评价等，帮助学生形成正确的审美意识、健康向上的审美情趣与鉴赏品位，并在此过程中养成追求真淳的秉性。

二、学科课程年段目标

学生在义务教育初中阶段分成七、八、九三个年级来学习语文学科。现制定年级目标如下：

（一）七年级课程目标

1. 阅读：能较熟练地运用略读和浏览的方法，扩大阅读范围；在通读课文的基础上，理清思路，理解、分析主要内容，体味和推敲重要词句在语言

---

① 中华人民共和国教育部.义务教育语文课程标准（2011年版）［S］.北京：北京师范大学出版社.2012：6.

环境中的意义和作用；对课文的内容和表达有自己的心得，能提出自己的看法，并能运用合作的方式，共同探讨、分析、解决疑难问题；在阅读中了解表达方式，能够区分文学样式。

2. 写作：要有真情实感，力求表达自己对自然、社会、人生的感受、体验和思考；多角度观察生活，发现生活的丰富多彩，能抓住事物的特征，有自己的感受和认识，表达力求有创意；注重写作过程中搜集素材、构思立意、列纲起草、修改加工等环节，提高独立写作的能力。

3. 口语交际：注意对象和场合，学习文明得体地交流，耐心专注地倾听，能根据对方的话语、表情、手势等，理解对方的观点和意图；根据需要调整自己的表达内容和方式，不断提高应对能力，增强感染力和说服力。

4. 综合性学习：能自主组织文学活动，在办刊、演出、讨论等活动过程中，体验合作与成功的喜悦；能提出学习和生活中感兴趣的问题，共同讨论，选出研究主题，制订简单的研究计划。

（二）八年级课程目标

1. 阅读：在欣赏文学作品的过程中能有自己的情感体验，初步领悟作品的内涵，从中获得对自然、社会、人生的有益启示；对作品中感人的情境和形象，能说出自己的体验；品味作品中富有表现力的语言；阅读简单的议论文，区分观点与材料，发现观点与材料之间的联系，并通过自己的思考，作出判断；阅读新闻和说明性文章，能把握文章的基本观点，获取主要信息；阅读科技作品，还应注意领会作品中所体现的科学精神和科学思想方法；阅读由多种材料组合、较为复杂的非连续性文本，能领会文本的意思，得出有意义的结论。

2. 写作：能考虑不同的目的和对象；根据表达的需要，围绕表达中心，选择恰当的表达方式；合理安排内容的先后和详略，条理清楚地表达自己的意思；运用联想和想象，丰富表达的内容；正确使用常用的标点符号；写记叙性文章，做到表达意图明确，内容具体充实；写简单的说明性文章，做到明白清楚；写简单的议论性文章，做到观点明确，有理有据；根据生活需要，写常见应用文。

3. 口语交际：讲述见闻，能做到内容具体、语言生动；复述转述，能做到完整准确、突出要点；能就适当的话题作即兴讲话和有准备的主题演讲，有自己的观点，有一定说服力。

4. 综合性学习：能从书刊或其他媒体中获取有关资料，讨论分析问题，独立或合作写出简单的研究报告。

（三）九年级课程目标

1. 阅读：诵读古代诗词、阅读浅易文言文，能借助注释和工具书理解基本内容；注重积累、感悟和运用，提高自己的欣赏品位；随文学习基本的词汇、语法知识，用来帮助理解课文中的语言难点；了解常用的修辞方法，体会它们在课文中的表达效果；了解课文涉及的重要作家作品知识和文化常识；能利用图书馆、网络搜集自己需要的信息和资料，帮助阅读；学会制订自己的阅读计划，广泛阅读各种类型的读物。

2. 写作：能从文章中提取主要信息，进行缩写；能根据文章的基本内容和自己的合理想象，进行扩写；能变换文章的文体或表达方式等，进行改写；能根据表达的需要，借助语感和语文常识，修改自己的作文，做到文从字顺；能与他人互相评改作文，交流写作心得。

3. 口语交际：讨论问题时，能积极发表自己的看法，并做到有中心、有根据、有条理；能听出讨论的焦点，并能有针对性地发表意见。

4. 综合性学习：关心学校、本地区和国内外大事，就热点问题，搜集资料，调查访问，相互讨论，能用文字、图表、图画、照片等形式展示学习成果。

但是，在学科课程建设过程中，仅仅知道年级的笼统目标是很难指导课程建设的，我们必须清楚每个学期各单元的具体目标。因此，我们在课程标准的指导下，依据教材和教学用书，梳理了单元课程目标，例如表4-1呈现了八年级上学期语文学科课程目标。

表4-1　八年级上学期语文学科课程目标

内容　单元	共　同　要　求	校　本　要　求
第一单元	1. 理解新闻"用事实说话"的基本原则；了解常见新闻体裁的基础知识；初步形成一定的新闻阅读能力；学会撰写新闻作品。 2. 锻炼捕捉新闻线索、抓住新闻热点的能力；提高策划组织、分工合作、交流沟通的能力。	1. 了解掌握消息、新闻特写、通讯的体裁特点，能从新闻要素的角度把握课文内容，揣摩作者的态度与倾向。 2. 掌握新闻采编的一般流程和基本技能，能撰写新闻消息。

（续表）

内容\单元	共 同 要 求	校 本 要 求
第一单元	3. 养成关注现实、关心时事、自主思考的习惯；形成求真求实、冷静客观的思维方式；学会准确、负责任、言必有据地表达。 4. 引导学生理解教材内容，结合生活经验，了解讲述的意义和作用，掌握讲述的基本原则。 5. 通过口语交际实践，学习并掌握常用的讲述方法。	3. 能运用一定的表达技巧，清楚、大方、得体地向他人讲述自己的故事、表达自己的观点和情感。
第二单元	1. 了解回忆性散文、传记呈现的复杂多样的人生经历，从文中人物的生平事迹中汲取精神营养，丰富自己的生活体验。 2. 抓住回忆性散文和传记内容真实、事件典型、注重细节等特点，掌握阅读方法。 3. 学习课文刻画人物的方法，尝试在自己的写作中借鉴运用；品味风格多样的语言，提高赏析能力。 4. 在阅读学习的基础上，自主总结传记的特点，能根据自己要记述的对象选择适宜的写作方式。 5. 指导学生学会选择典型事例来表现人物的个性特点，通过记言述行，展现人物风貌。 6. 通过学写传记，引导学生认识自我、认识他人，思考人生经历，提升人生境界。 7. 能清楚大方地表达出自己的观点并认真聆听同学的阐释，理解诚信对于个人、社会、国家的重要意义。	1. 积累并学会运用本单元重点生字词，加强对正楷字的规范书写要求。 2. 阅读课文内容，在品味语言的基础上，对人物和事件有自己的判断。 3. 引导学生学习在真实的基础上合理发挥想象，适当描写，增强传记的生动性。 4. 学会课文对典型素材进行合理谋篇布局以表现人物品质的方法，并尝试运用到自己的传记写作中。 5. 结合相关文本段落，进一步掌握肖像描写的方法，体会欲扬先抑的表达效果。 6. 结合名著《红星照耀中国》学习纪实作品的阅读方法。
第三单元	1. 从古人歌咏山水的优美篇章中获得美的享受，净化心灵，陶冶情操，激发对祖国山川的热爱，培养高尚的审美情趣。 2. 在反复诵读、整体感知的基础上，借助联想和想象，仔细品味诗文，体会作者的情怀。 3. 提高借助注释和工具书自主阅读古诗文的能力，积累常见文言实词和虚词。 4. 养成观察的习惯，学习从多个方面观察景物的方法，通过观察抓住景物特征。 5. 尝试运用多种手法，结合各种感官的感受，从不同角度描写景物的同时，体会情景交融的感染力，尝试在描写景物时恰当地融入情感，使景物鲜活起来。	1. 积累古诗文并学以致用，加强对正楷字的规范书写要求。 2. 进一步了解律诗的特点，有感情地朗读并背诵诗歌，能体会诗歌所表现的意境。 3. 学习通过知人论世、品味诗眼等方法初步鉴赏诗歌。 4. 运用本单元学习的写景方法写作，力求通过写景表达自己的情感，培养学生热爱自然、热爱家乡、热爱生活的情趣。

（续表）

内容／单元	共 同 要 求	校 本 要 求
第四单元	1. 感知课文内容，体会文章表达的情感，理解作者对生活的感悟和思考，丰富自己的精神世界。 2. 了解不同类型散文的特点，着重把握各类散文在写法上的独特之处。 3. 反复朗读课文，品味、欣赏各具特色的语言，培养对散文语言的赏析能力。 4. 指导学生学会运用关联词、提示语等，保持句子之间的衔接连贯；引导学生在段落写作中围绕一个话题展开写作，注意段落内部的语句连贯；通过篇章写作，让学生学会围绕中心合理安排写作顺序，保持文章整体的连贯性。 5. 能进行小组合作，运用各种方式搜集流行或已不流行的网络词语；能在小组中进行合理分工，一起讨论网络词语的使用问题；善于倾听他人意见，并能对大家的讨论进行总结。 6. 能根据活动要求设计合理的调查问卷，对回收的问卷进行正确统计汇总，并通过分析发现问题、得出结论，完成调查报告。 7. 能根据活动要求小组分工合作，运用网络搜集知识并进行合理的分类、整理、编排；在此基础上，对用互联网学语文有正确的认识。	1. 积累并学会运用本单元重点生字词，加强对正楷字的规范书写要求。 2. 在文本学习中，进一步巩固朗读、默读、比较阅读的方法，培养学生良好的文学语感，引导学生积极主动地积累语言。 3. 了解不同类型散文的特点，着重把握叙事抒情类散文与议论性散文。叙事抒情类散文教学注意形象感悟，激发学生的联想和想象；议论性散文教学注意分析、归纳作者的观点，理清作者的思想，感受理性思维的魅力。 4. 学习掌握象征、以小见大等表现手法，培养学生关注日常生活细节，引导他们在平淡的生活中探求真理，发现情趣。 5. 在实践中学习正确使用网络，文明恰当地进行网络交往，提高对互联网运用的思辨能力。
第五单元	1. 感受说明文求真求实的理性精神，激发对自然与社会的探索兴趣。 2. 把握说明文的文体特征，了解常见的说明方法，学会抓住特征来说明事物。 3. 体会说明文语言的准确、周密，增强思维的条理性与严密性。 4. 结合课文学习，启发学生懂得说明事物要抓住特征的道理。 5. 引导学生在写作实践中学习把握事物特征的方法，合理使用多种说明方法，合理安排说明顺序。 6. 了解复述与转述的含义和区别；区分详细复述与简单复述，重点学习简单复述；掌握变换人称、转换时空等转述的方法。	1. 积累并学会运用本单元重点生字词，加强对正楷字的规范书写要求并尝试行楷字的规范书写。 2. 在文本学习中，掌握说明顺序的种类并能做出准确判断；学习围绕中心说明事物的方法；感知说明文语言的生动性特点。 3. 增进对中华传统文化，特别是建筑艺术和绘画艺术的了解，增强民族自豪感；激发探索自然和社会的兴趣，培养科学精神和科学素养。 4. 学习科普作品的阅读方法。 5. 在说明文写作中学习锤炼语言，追求表达的准确、简明、严密和生动。

内容\单元	共 同 要 求	校 本 要 求
第六单元	1. 阅读不同体裁的古代诗文名篇，从不同角度感受古人的智慧和胸襟，提升自己的精神品格。 2. 进一步熟悉阅读古诗文的方法，反复诵读品味，提高阅读古诗文的能力。 3. 积累常见文言词语和名言警句。 4. 指导学生根据表达目的、读者对象的特点和应用场合，恰当使用词语和句子，以得体地表达。 5. 初步了解感谢信、邀请书、倡议书以及演讲稿等实用文的特点，根据其特点选择得体的表达方式与内容。 6. 认真研读相关资料，合理运用身边的资源，对文化遗产进行推荐和评选；通过小组协作进行实地考察、搜集资料，撰写出具有一定质量的文化遗产申请报告；班内召开模拟答辩会，学生能积极参与，精心准备答辩词。	1. 诵读古诗文名篇名句并能学以致用，加强对正楷字的规范书写要求，尝试行楷字的规范书写。 2. 体会不同体裁古代诗文名篇的语言特点，理清文本思路。 3. 巩固对寓言这一体裁的认识，熟练掌握理解文本寓意的方法。 4. 反复诵读诗歌，体会不同体裁诗歌的韵律特点，通过比较阅读、知人论世等方法体会诗歌的深层意蕴。 5. 学习运用问卷调查、文献研究等方法，了解身边的文化遗产，培养文化自觉意识，并通过实践活动，培养学生的语文综合实践能力。

　　我校"致真语文"课程将围绕以上课程目标，进一步发展学生的语文学科核心素养，力求培养出具有较高实践能力和崇高审美情趣的学生。

第三节

架起语文与思维的桥梁

为实现"致真语文"课程目标，我们结合学科课程标准，设置了丰富灵活的课程内容，高屋建瓴，搭建起语文学习与思维提升的桥梁，来满足不同学生的不同需求，分阶段、分层次使学生掌握思维方法，提升审美修养，提高语文运用能力，成为一名合格乃至优秀的明真理、探真知、感真情的社会主义"真"人。

一、学科课程结构

《义务教育语文课程标准（2011年版）》将教学实施的具体建议分为识字写字与汉语拼音、阅读、写作、口语交际、综合性学习和语法修辞知识六个方面。第四学段的识字写字与语法知识在教学中应根据语文运用的实际需要，从所遇到的具体语言实例出发进行指导和点拨。[①]据此，我校将"致真语文"学科课程分为"湖畔书会""湖畔笔会""湖畔论坛""湖畔行吟"四个版块（见图4-1）。

各版块课程内容如下：

湖畔书会的内容为经典品析和悠游字林，分别指课内精读和课外泛读，指向学生的阅读吸纳，目的是提高学生独立阅读的兴趣和能力，学会运用多种阅读方法，形成较为丰富的语言积累和良好的语感，发展感受和理解的能力，引导学生在品读文本的过程中品味语言，提升思维品质。

---

① 中华人民共和国教育部.义务教育语文课程标准（2011年版）[S].北京：北京师范大学出版社.2012：21-25.

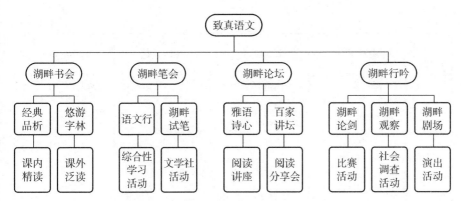

图4-1 合肥市五十中学天鹅湖教育集团天鹅湖校区语文学科课程结构图

湖畔笔会的内容为语文行和湖畔试笔，分别指语文综合性学习活动和文学社团活动，指向学生对语文生活的体验，目的是创设真实的情境，通过师生、生生互动交流，增强实践交际的本领，引导学生学会倾听、表达与交流。

湖畔论坛的内容为雅语诗心和百家讲坛，分别指教师、外请专家主讲的阅读讲座和学生阅读作品后的分享会，指向学生初级水平的语言文学研究，目的是教给学生专业、实用的阅读方法，提高学生的文学阅读品质，激发学生进行研究性文学阅读的兴趣。

湖畔行吟的内容为湖畔论剑、湖畔观察和湖畔剧场，分别指各类比赛活动、社会调查活动和演出活动，目的是促进学生养成合作、分享、积极进取等良好的个性品质和交往能力，培养学生收集信息、处理信息和发现问题、解决问题的能力。

二、学科课程设置

"致真语文"课程具体设置如下（见表4-2）。

表4-2 "致真语文"课程图谱

课程\年级	湖畔书会	湖畔笔会	湖畔论坛	湖畔行吟
七年级	一、经典品析——课内精读 二、悠游字林——课外泛读 1.《朝花夕拾》 2.《西游记》	一、语文行——综合性学习活动 1. 少年正是读书时 2. 文学部落 3. 我们的节日 4. 我的语文生活	一、雅语诗心——阅读讲座 1.《读中的"粗"与"细"——读法浅谈》 2.《无中生有的魅	湖畔论剑——比赛活动 1. 国学经典诵读比赛 2. 硬笔书法比赛 3. 主题手抄报比赛

语文学习维度与学科课程设计

课程＼年级	湖畔书会	湖畔笔会	湖畔论坛	湖畔行吟
七年级	3.《骆驼祥子》 4.《海底两万里》	二、湖畔试笔——湖畔文学社活动	力——想象性作品阅读》 二、百家讲坛——阅读分享会 1.《湘行散记》 2.《白洋淀纪事》 3.《猎人笔记》 4.《镜花缘》 5.《哈利·波特与死亡圣器》 6.《红岩》	4."天堂的样子"——书店/图书馆摄影比赛
八年级	一、经典品析——课内精读 二、悠游字林——课外泛读 1.《红星照耀中国》 2.《昆虫记》 3.《傅雷家书》 4.《钢铁是怎样炼成的》	一、语文行——综合性学习活动 1. 人无信不立 2. 以和为贵 二、湖畔试笔——湖畔文学社活动	一、雅语诗心——阅读讲座 1.《文学中的"他们"——纪实性作品阅读》 2.《"它们的温度"——科普作品阅读》 3.《不动笔墨不读书——阅读中的摘抄和笔记》 二、百家讲坛——阅读分享会 1.《星星离我们有多远》 2.《寂静的春天》 3.《苏菲的世界》 4.《给青年的十二封信》 5.《平凡的世界》 6.《名人传》	一、湖畔论剑——比赛活动 1. 新闻报道比赛 2."光影流年"影评比赛 3. 主题演讲比赛 4. 辩论赛 二、湖畔观察——社会调查活动 1. 初中生互联网生活调查活动 2. 身边的文化遗产调查活动
九年级	一、经典品析——课内精读 二、悠游字林——课外泛读 1.《艾青诗选》 2.《水浒传》 3.《儒林外史》 4.《简爱》	一、语文行——综合性学习活动 1. 君子自强不息 2. 初中生活大盘点 二、湖畔试笔——湖畔文学社活动	一、雅语诗心——阅读讲座 1.《如何读诗》 2.《"人情与世故"——小说阅读》 二、百家讲坛——阅读分享会 1. 泰戈尔诗歌 2. 唐诗 3.《世说新语》 4.《聊斋志异》 5.《围城》 6. 契诃夫短篇小说	一、湖畔论剑——比赛活动 1. 湖畔飞花令 2. 现代诗朗诵比赛 3."湖畔金笔"作文比赛 二、湖畔剧场——演出活动 课本剧展演

第四节

建构深邃美好的精神家园

"致真语文"，让学生走在"求真"的路上，在阅读中品味语言内蕴的醇香，进而明真理、探真知、感真情。"致真语文"通过开展诵读、阅读、创读等多种形式的活动，提倡学生多读书、好读书、读好书；探索开发多元的探究性、实践性活动形式，培养学生听说读写的能力。最终，促使学生在语文学习中寻到乐趣，感受语文学科的魅力和生活的真情，帮助学生建构深邃美好的精神家园。

一、构建"致真课堂"，提升语文课程品质

"课堂是课程落实的最主要、最有效的场所。"[①]因此，我们构建"致真课堂"，诵故知新。如我们以经典诵读为依托，让学生品传统文化之真淳，感经典文字之真挚，受到优秀传统文化的熏陶，从而提升其文化修养和道德素质，让课堂"致真""致淳"。在课堂实践中通过"读评比""讲听写"的形式实施：读一读，早读课自主朗读，体味情感；评一评，阅读课组织诵读，点评技巧；比一比，课余时同窗推荐，逐级参赛。通过班级、年级、校级的逐级比赛，选拔经典诵读优秀的学生，并给予奖励。以讲促说，提高学生的口头语言表达能力；以讲促读，使学生养成好读书、读好书的习惯；以讲促写，让学生积累写作素材，为写作奠定坚实基础。听故事：听广播知故事；学技巧：写作课教授叙事专题；讲故事：课前分享时事及己事。每周结束时学生

---

① 张传燧.课堂比课程更重要［J］.湖南师范大学教育科学学报，2013.12（2）：2.

投票选取一则内容最精彩、给人印象最深刻的故事，给予表扬，并集体创作成文张贴在班级。为监测课堂实施效果，我校特制定"致真语文"课堂评价表（见表4-3）。

表4-3 "致真语文"课堂评价表

评价版块		具 体 要 求	优秀	良好	合格	待合格
目 标		1. 目标明确，能针对学科特点，符合学情。 2. 突出情感、态度、价值观在教学目标中的地位，参考方法、兴趣、习惯等因素。 3. 教学重心定位于学生的多元发展。				
内 容		1. 准确把握教材，丰富拓展资源。 2. 重难点把握准确，并能有所突破。 3. 关注学生学习经验和认知水平，做到传播真知。				
过 程	学生	1. 学习积极性高，情绪饱满，思维活跃，有竞争合作意识。 2. 通过动手实践、相互合作、交流探索等手段，运用多种感官参与学习。 3. 为解决问题积极主动地去搜集信息、整理信息，形成自己的假设、观点。 4. 能倾听他人意见并进行正确的评价，能勇敢提出自己的观点，说出自己独特的感受。				
	教师	1. 情绪饱满，尊重学生；教育观念新，教学中能运用新的教育教学理论、研究成果。 2. 能创设有利于学生个性发展的、开放的学习环境，关注、尊重学生独特的情感体验。 3. 重视培养学生的创新意识、创造性思维和实践能力。 4. 重视引导学生独立探究、独立分析、主动合作，让学生在自主探索、动手实践和合作交流中理解掌握知识技能、提高素质并能合理利用现代教学资源。				
效 果		1. 较好地完成教学目标。 2. 有积极的情感反应。 3. 不同层次的学生均能感受到成功的喜悦，都有不同的收获。 4. 有主动学习的热情，体会到学习的快乐。				
总 评						

二、丰富"致真课程"，让语文课程富有韵味

"致真语文"是语文学科有目的、有计划的教育活动。它包括语文教材的学习、校内语文学科活动和课外拓展活动，旨在创造有生命力的语文课堂，激发学生阅读、写作的兴趣，在日积月累的读写中养成品格，彰显个性。这与《义务教育语文课程标准（2011年版）》强调的"应高度重视课程资源的开发与利用，创造性地开展各类活动，增强学生在各种场合学语文、用语文的意识，多方面提高学生的语文素养"[①]相一致。根据校情实际，我校主要采取以下形式丰富"致真语文"课程：

新诗品咏。学生通过经典新诗的反复诵读，体悟诗歌的基本内容与情感，唤醒生活经验和语言积累，提高语言素养和审美能力，涵养性情，开阔襟怀。其主要活动项目有：诗歌赏析讲座——"诗心"沙龙；诗歌朗诵会——"风雅颂"；学生读诗分享会——"湖畔采诗"；诗歌创作大奖赛——"湖畔金笔"。

海量阅读。引导学生形成明晰的阅读意识和良好的阅读习惯，指导学生掌握阅读课外单篇作品和整本书的方法，培养学生摘抄和写作阅读心得的主动意识和能力。具体而言，主要包括：指导单篇作品和整部作品的有效阅读，形成体系化的操作方案；整理适合年级分段、涵盖单篇作品和整部作品的阅读书目，以课内指导、课外自读、"百家讲坛"等方式落实阅读计划；通过阅读兴趣调查问卷、单篇阅读能力测试、整本书限时阅读效果抽样调查等方式来评价本课程的实施效果。

三、推进"致真项目"，让语文课程充满活力

"致真语文"，遵循"真"的原则，不唯书、不唯上，以实践作为检验真理的标准，允许批判，鼓励创新，为教师创新教育教学方法、学生辩证地吸收知识提供宽松的氛围和良好的条件。

为推进"致真项目"，我校制定了详细评价标准（见表4-4）。

---

① 中华人民共和国教育部.义务教育语文课程标准（2011年版）[S].北京：北京师范大学出版社，2012：34.

表4-4 "致真项目"评价表

评价要素	评价指标	评价效果 A 优秀	B 良好	C 待改进
课程目标和方案的设置	a. 课程内容新颖、有操作性，能丰富学生的经验。			
	b. 满足学生的兴趣和需要，促进学生个性特长的发展。			
	c. 体现学校特色和任课教师的特长，具有延续性。			
项目组织	a. 形式多样，学校和社区相结合。			
	b. 体现学生的探究性和主体性。			
	c. 方式得当，树立教师作为组织者、指导者和服务者的意识。			
项目实施	a. 学生在课堂活动中能够亲自实践、积极活跃。			
	b. 课程活动过程完整、清晰、有序。			
活动效果	a. 学生在学习后能够陶冶情操、愉悦身心。			
	b. 促进学生的发展，使学生有学习的收获和创新的结果。			
	c. 学生的知识面拓宽，主动活动，方法多样，学会学习。			
总 评				

例如，"湖畔论剑"以初中生生活相关话题为中心，开展日常辩论训练及训练性辩论赛，旨在培养学生的辩证思维，锻炼其查找资料、统筹分析、口头表达的能力，增强合作探究意识，鼓励追求真理。辩论日常训练渗透于语文教学中的口语交际及主题实践活动环节，训练赛有班内比赛和十月"湖畔论剑"杯校级辩论赛两种形式，学生参与其中，表达自我观点，感受语文课程的活力。

四、开设"致真社团"，让语文课程多姿多彩

开设语文社团——湖畔文学社，旨在丰富学生课外生活，增强文学意识，提升文学素养，给广大热爱文学和写作的学生提供一个锻炼、展示自我的平台，活跃校园文化生活。文学社以"大爱、真意、个性、创新"为社团宗旨，鼓励学生从大爱出发，爱真理、求真知、做真人；在文学作品中表达自己的

真心，写出自己的真意；展示自己独特的风格，传达自己对生活的思考；勤观察，勤动脑，写出创意，实现思想的创新。社内根据不同分工，设置不同负责部门，主要分为：策划部，策划每期活动主题及内容；编辑部，认真筛选、校对社员来稿；宣传部，宣传活动内容，使更多的学生感受文学的魅力，激发对文学的兴趣。社团活动计划如下（见表4-5）。

表4-5　文学社活动计划表

周次	课 程 内 容	周次	课 程 内 容
1	文学社新学期工作布置	10	真挚的情感
2	写作与生活密不可分	11	精彩的结尾
3	写作的立意	12	细节描写的运用
4	写作与社会责任感	13	景物描写的运用
5	题目的拟定	14	人物形象的塑造
6	靓丽的开头	15	欲扬先抑的运用
7	清晰的结构	16	材料的积累
8	充实的内容	17	成长的体会
9	生动的语言	18	写作的乐趣

五、落实"致真学习"，感受语文课程真实魅力

"致真语文"以我校"大爱于心，致真于行"的校训为指导，倡导师生共同做"真人"，保持本真的状态，保持知识人的本色，追求自由的思想和独立的人格，体会语文的魅力。写作是语文学习非常重要的一个方面，我们在写作学习中落实"致真学习"，让学生感受到语文的魅力。

例如，记叙文写作学习，力求培养学生观察生活、感悟生活的主动意识和思考能力。我们分年级建立记叙文写作序列，逐渐培养学生较强的记叙文写作能力。七年级着重培养写作兴趣，指导观察的方法，养成表达的习惯，能写简单的记叙文；八年级主要学习人物描写、景物烘托、对比映衬等表达技巧，能写出生动形象的记叙文；九年级学生要能在限定时间内写出主题鲜明、思路清晰、语言生动的记叙文。在教学过程中，教师引导学生观察身边的事件、人物、景物，使学生能在叙事、写人、绘景的基础上，表达自己的

真实感受；引导学生运用描写、抒情、议论等多种表达方式，具体生动地表达对生活的某种独特认识；培养学生审题立意、构思选材、布局谋篇、下笔行文、自主修改等独立作文能力；分层抽取学生样本，通过限时命题作文的质量来评价学生的写作水平，进而判断本课程的推进效果。

第五节

让"致真语文"落地生根

为更好地适应当前教育发展形势及新课改，我校在宏观上确立正确的价值引领，在微观上不断提高教师专业素养、构建并落实有效的管理制度及评价制度等多种举措，力求构建真实、活跃、和谐、思辨的语文课程，培养明真理、探真知、感真情的"真"人。

一、价值引领：确立共同价值追求

只有确立了共同的价值追求，才能让全体语文老师心往一处使，拧成一股绳，协作共进，高效地落实"致真语文"课程建设。因此，语文组多次召开教研会，最终对"致真语文"价值追求形成统一的认识：我们应以课程标准为准则，以丰富多彩的课程活动为途径，以提升学生的文化品位、文学素养为基础，以树立学生正确的世界观、价值观、人生观为核心，以促进学生健康、快乐、积极地成长为目标。与此同时，提高教师的文化修养，加深他们对中华民族传统文化的认识与理解，提高他们对课程实施和研究的能力。

二、专业发展：促进课程有效实施

教师需要了解学生的发展特点，具备学科知识、教育知识、人际交往及持续学习、适应创新的能力，更需要具有专业的态度和价值观。

语文各教研组以校本研修为平台，立足课堂教学改革，加强教育科研，积极探索高效的课堂教学策略，促进教师专业发展，不断提高教育教学质量。

教师通过理论学习，注重日常教学反思，自觉更新教育理念；通过校本研修，充分学习和理解学生能力培养与语文学科课程标准的关系，并落实到学科教学实践中，做学习型、思考型教师；通过培训和反思，及时总结和归纳，梳理并提炼教学经验，形成一系列的教科研成果和研究性学习成果，不断形成教师个体和教研组的教学风格。以课例研究为载体，以学习、实践、反思、再实践为主要形式，通过"云门国学"经典诵读、"悦读之旅"名著阅读研究等形式，加强课堂教学改革，不断增强教研组主动发展意识，形成具有学科特色的校本研修方式。

三、制度构建：保证课程有序推进

学校成立"致真语文"课程管理小组，由教学副校长任总组长，语文教研组长任执行组长，制定"致真语文"课程开发相关制度，并监督制度的落实，主要分为以下三个方面内容：一是培训教师，课程管理组将全程不定期开展教师培训活动，打造课程实施精干师资队伍；二是评估学生，课程管理组将以学生发展需求为导向，不定期开展问卷调查，掌握课程实施第一手资料，解决过程中出现的各种问题；三是督导实施，课程管理组将全程检查课程的定时、定量开展情况，每月召开一次全体人员例会，对学科课程实施现状进行反馈、分析与评价，提出改进意见。

四、评价导航：引导课程有效实施

（一）评价原则

对于"致真语文"课程的评价，我校遵循"四重"原则，即重过程、重应用、重亲身体验、重全员参与，"四性"原则即过程性、激励性、丰富性和多样性。具体可分为以下四个方面：

1. 评价程序的过程性。将评价贯穿于校本课程开发与实施的全过程，重点评价教师参与课程开发与实施的积极性，评价学生的参与体会。

2. 评价方式的激励性。结合学生的活动过程及研究结果进行评价，鼓励学生发挥特长，施展才能，创设有利于学生可持续发展的学习组织与学习环境。

3. 评价内容的丰富性。根据学生在校本课程中的参与程度、学习态度、实践体验、方法和技能的掌握进行全面评价。

4. 评价手段的多样性。采取教师评价与学生自评、互评相结合，书面材料评价与学生口头评价、活动展示评价相结合，定性评价与定量评价相结合等方法。

（二）评价内容

就具体内容而言，对课程的评价分为对课程方案的评价和对单科课程的评价。

1. 对学校语文课程方案的评价：每学年对学校语文课程方案评价一次，由课程委员会在每学年暑假前组织评价，提出改进建议，并调整新学年语文课程方案；由学生、教师、家长、专家四大主体共同进行，通过问卷、座谈等形式进行定性评价，并指出具体问题；评价角度丰富，如课程目标的达成、课程资源的建设情况，课程结构、课程管理制度、课程评价制度是否合理等，并制定了详细的课程管理评价表（见表4-6）。

表4-6　课程管理评价表

评价内容 （8分）	评 价 标 准			课程管理 情况总评
	完成（1）	未完成（0.5）	空白（0）	
课程设置				
课时安排				
开课情况				
师资配备				
主题申报				
活动督查				
跟踪管理				
考核评估				

2. 对语文课程实施的评价：每学期课程结束时，由课程委员会组织进行评价，并把意见反馈给任课老师，评价结果同时作为评优评先依据；由学生、家长、课程委员会、专家共同依据课程实施过程和学生发展情况进行评价并制定详细的课程实施评价表（见表4-7）。

表4-7　课程实施评价表

评价内容（12分）	评价标准			课程落实情况整体评价
	完成（2）	未完成（1）	空白（0）	
申报主题				
制订方案				
开展活动				
跟踪指导				
主题完成				
资料完整				

在课程实施过程中定期检查上课情况、教学进度等，课程结束检查教学设计、教学材料、学生作品等，并对学生的发展情况进行问卷调查。

总之，"致真语文"课程建设紧紧围绕课程标准要求与校情、学情实际确定目标，搭建合理框架，丰富活动形式，完善管理制度，在潜移默化中激发学生语文学习兴趣，掌握思维方法，提升审美修养，提高语文运用能力。做一个合格乃至优秀的明真理、探真知、感真情的社会主义"真"人。

（撰稿人：王辉　张妮　刘丽　张许瑶　李志轩　夏海燕）

第五章

语文与想象：
仰望语文的浩瀚星空

　　"梦想语文"是脚踏实地的语文，是插上想象之翼的语文。思之所至，可上下数千年，纵横几万里，海阔天空，百川汇聚。关注"梦想"的语文课堂，是善于运用文字雕琢想象世界的课堂。书中记录的不曾到过的远方，模糊泛黄的远古面目，高山仰止的人格山川，离奇玄远的神话世界……人类文明史上确乎存在，未来可能出现的一切，是语文星空中或明或暗的群星。仰望，遐思，梦想就不经意间开始勾勒出它的轮廓。

刘勰在《文心雕龙·神思》中提到:"文之思也,其神远矣。故寂然凝虑,思接千载;悄焉动容,视通万里。"文学作品离不开想象,它可以拓展作者的思维空间。意大利哲学家维柯认为原始人类凭借丰富的想象和以己度物的隐喻创造了大量诗歌和神话故事[①],即想象性构成物。想象甚至影响着文明的繁荣和发展。文学作品的产生离不开想象,中学语文教学必须培养学生的想象能力,进而提高其思维品质。

语文与想象的关系具体体现在:(一)多观察、阅读,为想象积累素材,创造前提。中学语文教学要引导学生在生活中多观察周围的事物,同时广泛阅读文学作品,捕捉典型的材料,运用自己的思维多分析、多体悟。(二)进行写作,将想象付诸文字,锻炼能力。在创作时进行想象,是一种有效的思维训练。学生可借助想象在文章中进行描写、再现情境和巧妙设计情节。(三)开展活动,激发创造性的想象,提升素养。结合教学,带领学生走访名人故居、搜集传统风物等语文类实践活动,可以使学生怀想过去、畅想未来,在活动中寻找想象的依据,切实提高文学鉴赏、创作及其他综合素质。

大柏中学"梦想语文"的学科课程观中提到,让语文成为帮助学生表达梦想、实现梦想的工具,让语文使梦想更加人文、更加深刻、更加美好。让学生走向远方,是"梦想语文"的美丽愿景。想象为学生的梦想插上了翅膀,只有敢于想象未来,才会在当下扎实奋进,在语文学习中提高思想文化修养,促进自身精神成长。"梦想语文"重视与实际结合,在学科课程理念中定位为"仰望前瞻的语文",通过"名家说游""名家谈吃""名人故居行""放飞梦想"等课程及活动,为学生的想象提供了丰厚的现实土壤,又引领其"思接千载""视通万里"。"梦想语文"以发展学生想象为切入点,培养广大学生热爱祖国语言文字的情感,激发审美情趣,提高审美能力,发展健康个性,形成健全人格。"梦想语文"学科价值观认为:语文学习从最基础的文字创造,到美好理想、高雅情趣的构建都饱含着古人无穷的想象和全人类精英们不懈的追求和梦想。因此,"梦想语文"在具体实施过程中,力求依据课标,用好统编教材,开展实践活动,达到夯实学生基础,培养学生语文素养的目标。在此基础上,通过"生活情景剧""学会辩论""口语心得""作文创作与分

---

① 包爱军.维柯艺术想象理论初探 [J].扬州大学学报(人文社会科学版),1989(3):7-12.

享"等活动为学生想象能力的发挥、口语交际能力的提升提供多元载体，让梦想的蓝图更加清晰。

梦想语文：怀揣憧憬探索语文的星空

　　合肥市大柏中学语文组，现有教师5名，均为中学高级教师，教学经验丰富，皆具成熟、鲜明的教学风格。语文组秉持"立言立德，做梦想语文教育"的课程理念，充分发挥团队合力，按照学校制定的课程计划，依据教育部《关于全面深化课程改革落实立德树人根本任务的意见》《义务教育语文课程标准（2011年版）》等文件，制定并实施了语文学科"梦想语文"课程群。在不断的探索实践中，科学化、个性化的课程让大柏中学语文教学发生了可喜变化。

用文字酝酿梦想

一、学科价值观

"语言文字是人类最重要的交际工具和信息载体，是人类文化的重要组成部分。语言文字的运用，包括生活、工作和学习中的听、说、读、写活动以及文学活动，存在于人类生活的各个领域。"[①]

语文课程致力于培养学生的语言文字运用能力，提升学生的综合素养，为学好其他课程打下基础；为学生形成正确的世界观、价值观、人生观，形成良好的个性和健全的人格打下基础；为学生的全面发展和终身发展打下基础。语文课程的多重功能和奠基作用，决定了它在九年义务教育中的基础地位。

语文课程是一门学习语言文字运用的综合性、实践性课程。"梦想语文"课程使学生学会运用祖国语言文字进行交流沟通，吸收古今中外优秀文化，提高思想文化修养，学会在他人的文字中触摸梦想，用自己的文字勾勒梦想，促进自身精神成长。让语文成为帮助学生表达梦想、实现梦想的工具，让语文使梦想更加人文、更加深刻、更加美好，让学生走向远方，是"梦想语文"的美丽愿景。

二、学科课程理念

我校语文教师在不断的教学实践中，充分认识到语文学科在社会学知识

---

① 中华人民共和国教育部.义务教育语文课程标准（2011年版）［S］.北京：北京师范大学出版社，2012：1.

和科学知识传授方面，在学生美好情操的塑造方面，在正确人生观、价值观的形成方面有着其他学科无法替代的基础作用。正是这种基础性的作用，让我们感受到梦想对于生命的意义，我们提出以"梦想语文"为核心的语文学科课程理念。

"梦想语文"是懂得脚踏实地的语文。梦想是一切活动的前提，没有宏伟的规划，哪来伟大的行动。一个没有梦想的人，不可能成为社会的栋梁之才；一个没有梦想的国家，也不能成为一个伟大的国家。同样，没有梦想的语文教学，只能成为一种枯燥的基本功的重复练习，其与语文学科的特点及肩负的意义大相径庭。语文学科，其任务是培养学生听、说、读、写能力，传授并使学生掌握一定的语文知识，还能从语文学习中汲取人类最丰富的营养，陶冶高尚的情操，进而反映自己真挚的思想和伟大的时代；而学生有了一定的语文知识、具备了一定的语文能力以后，为学好其他学科和走向社会都奠定了良好的基础。人们常说：先读文，方能读事、读人、读社会。其中"读文"，就是学好语文。

"梦想语文"是懂得仰望前瞻的语文。语文的另一个重要任务是培养广大学生热爱祖国语言文字，逐步形成高尚的审美情趣和一定的审美能力，发展健康个性，形成健全人格。语文学习从最基础的文字创造到美好理想、高雅情趣的构建，都饱含着古人无穷的想象和全人类精英们不懈的追求和梦想。

"梦想语文"是懂得兼容并蓄的语文。语文以其特有的教学内容和多样的教学形式，为大家所肯定。语文课堂，可上下数千年，纵横几万里，海阔天空，百川会聚；教学方式上，灵活多变，可以读、可以问、可以说、可以唱，有时屏声静气、聚精会神，有时伏案疾书、洋洋洒洒……它承载着学生理想的学习方式，激发着学生对个人前途、国家命运、人类未来的美好梦想。

用语文瞭望人生的星河

如果说经典的文学作品是汇聚了人类优秀文明的星河，那么"梦想语文"旨在通过想象，沟通学生与作品中的世界，使之具有瞭望他人与自我人生星河的宏大视野。语文课程是一门学习语言文字运用的综合性、实践性课程。

一、学科课程总体目标

"课程目标从知识与能力、过程与方法、情感态度与价值观三个方面设计。"[①]三者相互渗透，融为一体。目标的设计着眼于语文素养的整体提高。初中语文（7～9年级）学段总体目标是：

（一）关于识字与写字教学

培养学生有正确的写字姿势，有良好的书写习惯。在使用硬笔熟练地书写正楷字的基础上，学写规范、通行的行楷字，提高书写的速度。能熟练地使用字典、词典独立识字，会用多种检字方法。累计认识常用汉字3 500个左右。在此基础上，学习、临摹名家书法，从而体会书法的审美价值。

（二）关于阅读教学

能用普通话正确、流利、有感情地朗读课文，有较强的语感。在通读课文的基础上，理清思路，理解、分析主要内容，体味和推敲重要词句在语言

---

① 中华人民共和国教育部.义务教育语文课程标准（2011年版）［S］.北京：北京师范大学出版社，2012：6.

环境中的意义和作用。对课文的内容和表达有自己的心得，能提出自己的看法，并能运用合作的方式，共同探讨、分析、解决疑难问题。还要在阅读中了解叙述、描写、说明、议论、抒情等表达方式及其作用。另外，还要培养学生养成良好的默读习惯，有一定的速度，阅读一般的现代文每分钟不少于500字，能较熟练地运用略读和浏览的方法，扩大阅读范围。

欣赏文学作品，能有自己的情感体验，初步领悟作品的内涵，从中获得对自然、社会、人生的有益启示。对作品中感人的情境和形象，能说出自己的体验；品味作品中富有表现力的语言。能够区分写实作品与虚构作品，了解诗歌、散文、小说、戏剧等文学样式。

阅读简单的议论文，能区分观点与材料（道理、事实、数据、图表等），发现观点与材料之间的联系，并通过自己的思考，作出判断。阅读新闻和说明性文章，能把握文章的基本观点，获取主要信息。阅读科技作品，还应注意领会作品中所体现的科学精神和科学思想方法。阅读由多种材料组合、较为复杂的非连续性文本，能领会文本的意思，得出有意义的结论。诵读古代诗词，阅读浅易文言文，能借助注释和工具书理解基本内容。注重积累、感悟和运用，提高自己的欣赏品位。

随文学习基本的词汇、语法知识，用来帮助理解课文中的语言难点；了解常用的修辞方法，体会它们在课文中的表达效果；了解课文涉及的重要作家作品知识和文化常识。

学会制订自己的阅读计划，广泛阅读各种类型的读物，课外阅读总量不少于260万字，每学年阅读两三部名著。背诵优秀诗文80篇（段）。能利用图书馆、网络搜集、整理自己需要的信息和资料，帮助阅读、拓展视野。

（三）关于写作教学

培养学生多角度观察生活，发现生活的丰富多彩，能抓住事物的特征，有真情实感，力求表达自己对自然、社会、人生的感受、体验和思考，表达力求有创意。注重写作过程中搜集素材、构思立意、列纲起草、修改加工等环节，提高独立写作的能力。

写作时能考虑不同的目的和对象，根据表达的需要，围绕表达中心，选择恰当的表达方式。合理安排内容的先后和详略，条理清楚地表达自己的意思。运用联想和想象，丰富表达的内容。正确使用常用的标点符号。写记叙性文章，表达意图明确，内容具体充实；写简单的说明性文章，做到明白清楚；写简单的议论性文章，做到观点明确，有理有据；根据生活需要，写常见应用文。

能从文章中提取主要信息，进行缩写；能根据文章的基本内容和自己的合理想象，进行扩写；能变换文章的文体或表达方式等，进行改写。根据表达的需要，借助语感和语文常识，修改自己的作文，做到文从字顺。能与他人交流写作心得，互相评改作文，以分享感受，沟通见解。作文每学年一般不少于14次，其他练笔不少于1万字，45分钟能完成不少于500字的习作。

（四）关于口语交际教学

口语交际具有广泛的交际功能，学会文明地进行人际沟通和社会交往。学会耐心专注地倾听，能根据对方的话语、表情、手势等，理解对方的观点和意图。根据对象和场合，学习文明得体地交流，自信、负责地表达自己的观点，做到清楚、连贯、不偏离话题。同时要注意表情和语气，根据需要调整自己的表达内容和方式，不断提高应对能力，增强感染力和说服力。

讨论问题，能积极发表自己的看法，有中心、有根据、有条理。能听出讨论的焦点，并能有针对性地发表意见。讲述见闻，内容具体、语言生动。复述转述，完整准确、突出要点。能就适当的话题作即席讲话和有准备的主题演讲，有自己的观点，有一定说服力。

（五）关于综合性学习教学

语文综合性学习增加了学生语文实践的机会，拓展了语文学习的空间，是培养学生主动探索、团结合作、创新精神的重要途径。要让学生自主组织文学活动，在办刊、演出、讨论等活动过程中，体验合作与成功的喜悦。能提出学习和生活中感兴趣的问题，共同讨论，选出研究主题，制订简单的研究计划。能从书刊或其他媒体中获取有关资料，讨论分析问题，独立或合作写出简单的研究报告。

关心学校、本地区和国内外大事，就共同关注的热点问题，搜集资料，调查访问，相互讨论，能用文字、图表、图画、照片等展示学习成果。掌握查找资料、引用资料的基本方法，分清原始资料与间接资料的主要差别，学会注明所援引资料的出处。

总之，在语文学习过程中，必须以培养爱国主义、集体主义、社会主义思想道德和健康的审美情趣，发展个性，培养创新精神和合作精神为核心，逐步形成积极的人生态度和正确的世界观、价值观；以认识中华文化的丰厚博大，汲取民族文化智慧，关心当代文化生活，尊重多样文化，吸收人类优秀文化的营养，提高文化品位为抓手；以培育热爱祖国语言文字的情感，增强学习语文的自信心，养成良好的语文学习习惯，初步掌握学习语文的基本方法为先导。在发展语言能力的同时，发展思维能力，学习科学的思想方法，逐步养成实事求是、崇尚真知的科学态度。能主动进行探究性学习，激发想象力和创造潜能，在实践中学习和运用语文。

二、学科课程年级目标

在学科课程建设过程中，为使年级目标与我校学情结合得更为紧密，更具创造性地建设"梦想语文"课程群，我们依据课程标准将每个学期各单元的具体目标细化。例如表5-1呈现了八年级下学期语文学科课程目标。

表5-1　八年级下学期语文学科课程目标表

内容 单元	共 同 要 求	校 本 要 求
第一单元	1. 了解民俗的价值和意义，尊重深厚的民间文化。 2. 学会多种表达方式的综合运用。	了解古人思想情趣，体会作者笔下的美好境界。让"梦想语文"课程架构成学生识古通今的桥梁，丰富学生的学养，提升对民族文化的认知与自信。
第二单元	1. 理清说明顺序，筛选主要信息，读懂文章说明的事理。 2. 质疑问难，学习科学探究的方法，领悟科学精神。	学习分析推理的技巧，初步了解科学探索的方法。使"梦想阅读"与自然科学知识积累相辅相成。
第三单元	1. 借助注释和工具书读懂课文，领会诗文的丰富内涵。 2. 品味精美的语言，积累常用文言词语。	强化诵读训练，把握古诗文形式特点与语言风格。让"梦想阅读"与经典诵读有机融合。
第四单元	1. 把握演讲的特点，领悟作者的思想，获取有益的启示。 2. 学写演讲词，尝试当众演讲。	梳理演讲思路，体会事例以理服人的作用。积累名言典故，让"梦想阅读"成为提高学生语文素养的有效手段。

语文学习维度与学科课程设计

内容 单元	共　同　要　求	校　本　要　求
第五单元	1. 了解游记的特点，把握作者的游踪、写景的角度。 2. 学习触景生情、借景抒情、情景交融等写法，揣摩和品味语言。	了解游记特点，把握游记要素，熟悉游记写法的多样性。让学生通过"梦想阅读"真正体会到读万卷书、行万里路、记万里景、抒胸中情的阅读魅力。
第六单元	1. 在反复诵读的基础上，培养文言语感。 2. 注意积累常用文言词语和句式，欣赏课文中的精彩语句。	感受传统文化，体会中华文化的博大精深，感受古人生活及其美好的情怀，接受古典作品熏陶，学习"梦想探究"。

第三节

让阅读成为一种远行

一、学科课程结构

《义务教育语文课程标准（2011年版）》确定课程学段目标与内容应从"识字与写字""阅读""写作""口语交际"四个方面提出要求。课程标准还提出了"综合性学习"的要求，以加强语文课程内部诸多方面的联系，加强与其他课程以及与生活的联系，促进学生语文素养全面协调地发展。

"梦想语文"是我校芳香课程体系的重要组成部分，分为基础型课程和拓展型课程。基础型课程注重培养学生终身学习和适应未来社会所需的能力；拓展型课程着眼于学生的个性发展需求，联系生活，开发学生的潜能和特长，培养学生的创新精神和合作精神，怀揣梦想，砥砺前行。两大课程相互补充、相互促进，让学生的阅读成为抵达更广阔世界的远行。

我校的"梦想课程"由基础型课程和拓展型课程组成，具体结构见图5-1。

启迪梦想：主要依据"课标"，以统编教材为载体，夯实学生基础，培养学生语文基本素养，感受传统文化魅力，帮助学生对美好未来产生向往。

梦想阅读：包括"美文荐读""名家谈吃""经典诵读""名家说游""名篇欣赏"等。主要以提升学生阅读量和阅读力为目的，以现代美文、名家著作以及古典诗文为载体，引导学生关注生活、品味语言、体悟情感。重点加强阅读方法的指导和点拨，为学生放飞梦想奠定坚实的基础。

梦想习作：包括"人物特写""改编课本剧""高筑墙、广积粮""妙笔花开""妙笔回春""古典诗词与文化传承"等。重点培养学生的写作能力，以

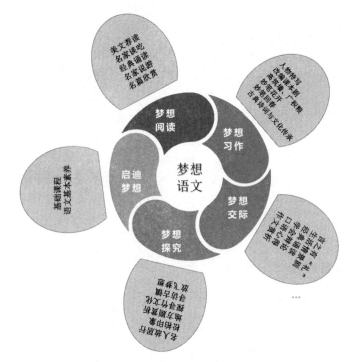

图5-1　合肥市大柏中学语文学科课程结构

写作和表达为载体，重视学生的观察、感受和体验，力求真实地表达，让学生用手中的笔写出生活的多变、人性的多样以及自己的感悟。

梦想交际：包括"言之有'礼'""生活情景剧""经典诵读""学会辩论""口语心得""作文赏析"等。主要加强学生口语交际能力的训练和提升，以朗读、演讲、辩论和情景剧等活动为载体，让学生在口语交际能力方面得到充分锻炼，具备能说会道、能言善辩的口语交际能力，收获属于自己的言说快乐和表达自信。

梦想探究：包括"名人故居行""松柏印象""地方剧赏析""探寻竹文化""寻访古镇""放飞梦想"等。结合学生真实的生活，从自己出发，从点滴入手，通过丰富多彩的语文综合实践活动，促进学生养成合作、分享、积极进取、开拓创新等良好的个性品质和交往能力，培养学生收集信息、处理信息的能力和发现问题、解决问题的能力。

二、学科课程设置

依据《义务教育语文课程标准（2011年版）》，"梦想语文"拓展型课程依托基础型课程提升学生的综合能力，围绕语文课程目标，开设下列课程（见表5-2）。

表5-2 合肥市大柏中学"梦想语文"拓展课程设置表

课程类别 学期	梦想阅读	梦想习作	梦想交际	梦想探究
七年级上学期	美文荐读（林清玄散文）	人物特写	言之有"礼"	刘铭传故居行思
七年级下学期	美文荐读（迟子建散文）	课本剧改编	生活情景剧《有话好好说》	古典诗词中的松柏印象
八年级上学期	名家谈吃	高筑墙、广积粮：素材积累	经典诵读	地方戏庐剧赏析
八年级下学期	经典诵读《诗经》《论语》《孟子》	妙笔花开立意创新	学会辩论	漫步林海——古典文学中的竹文化
九年级上学期	名家说游	妙笔回春诊治自我	口语心得交流	寻访三河古镇
九年级下学期	名篇欣赏	古典诗词与文化传承	满分作文赏析	放飞梦想

我校"梦想语文"拓展课程充分结合各学段学生认知特点，从阅读、写作、交流、思考等角度，对学生的语文综合素养进行培育和强化。三年的学习科学规划、有机组合，学习难度呈阶梯状上升，让学生在文本和本土文化资源的双重浸润下，实现全面成长。

第四节

想象使世界更加瑰丽

"梦想语文"，旨在通过教师的精心组织、指导，引领学生主动参与、亲身实践，发现语文之美，从而提高学生学习语文的兴趣，提升他们的语文素养，为学生学习语文、树立正确的人生价值观、实现自己的人生梦想打下坚实基础。有了想象，才会使世界更加瑰丽；有了想象，才会激发学生潜在的学习动机。"梦想语文"学科课程的实施主要从以下几个方面入手。

一、构建"梦想课堂"课程，让学生成为快乐的课堂主人

"梦想课堂"是在我校"梦想语文"课程基础上建立的语文特色课堂。"梦想课堂"坚持"以生为本"，把课堂还给学生，让学生成为课堂的主人。教师通过精心设计的课堂活动，激发学生的学习兴趣，让学生在积极参与中享受语文之美、学习之乐、成功之喜。建设符合我校特点的"梦想课堂"，主要包括要义、推进策略和评价要求三个方面。

（一）"梦想课堂"课程的要义

"梦想课堂"遵循文本意识、学生立场、快乐成长三大基本要求。

"文本意识"：语文教学要以文本特征为依据进行教学。根据不同的文本类型，设置不同的阅读目标及解读方式。以学生能力和健全人格培养为核心，形成各种文本形式的教学要求和操作要领。

"学生立场"：要求课堂教学面向全体学生，围绕学生设置恰当情境和教学内容、教学环节，充分调动学生的参与积极性，课堂上以学生为主体、以教师为主导、以教学活动为主线，在合作学习中启发学生思维，激发学生学

习兴趣，提高学生语文能力。

"快乐成长"：教育的根本任务是"立德树人"，所以我校语文教学立足于让学生在轻松愉快的课堂氛围中，提高语文素养，养成健全人格，努力成为一个大写的"人"。

（二）"梦想课堂"课程的推进策略

"梦想课堂"的实施以学生为核心，始终倾听学生的心声、需求；以教研提升课堂品质，用先进的理念、灵活多样的手段、丰富多样的内容，来激发学生学习兴趣，帮助学生快乐成长。"梦想课堂"的推进策略如下：

1. 加强听评课，发现问题。基于我校实际情况，我们要求每位教师每学期必须举行一次公开课活动，参加听评课不少于10节，通过量化评分、听课教师的评价建议发现自己教学中存在的问题，积极改进，提高课堂品质，构建学生喜爱的"梦想课堂"。

2. 问卷调查，倾听学生呼声。定期在学生中进行问卷调查，了解学生心声，改进自己的课堂教学方式，做学生喜爱的老师，构建学生喜爱的课堂，让学生在轻松愉快的课堂氛围快乐学习、快乐成长。

（三）"梦想课堂"课程的评价要求

多元化的评价途径更符合学生的成长特点，有利于学生的主动发展，增强学生的自信心，调动学生的热情，让学生发现自己的进步，从而感受学习的快乐、成长的快乐。同时也有助于教师更深入地领会"梦想课堂"的理念，提升教师的专业素养，丰富教师的课堂经验，完善课堂的构成要素，实现教学相长。具体评价标准如下（见表5-3）。

表5-3　合肥市大柏中学语文学科"梦想课堂"课程评价细则

学科		班级		评课教师	
课题					
类别	指标	优	良	合格	不合格
		完全达到 85分—100分	基本达到 75分—84分	部分达到 60分—74分	少量达到或未到60分以下
课堂目标	多元（25分）	1. 目标符合语文课程标准要求，符合语文生活实际。 2. 目标体现知识与技能、策略与方法的生成性，思维活动的激发与引导性，情感的生成与支持性，态度与价值观的形成性。 3. 以目标统领教学准备与教学实践。			

（续表）

教学环节	和谐（25分）	1. 教学环节和谐，组织协调顺畅，问题与探究时间充足，学生思维活跃清晰，教学活动自然流畅。 2. 活动与过程符合学生的认知规律和知识的形成规律，符合学生思维发展和成长追求。 3. 既关注学生新的学习与感悟，又关注学生的实践应用的习得与成长。 4. 层次清晰，符合和满足不同学生及各个阶段的进取和发展需要，有利于目标的达成。
教学过程	趣味（25分）	1. 情境有利于唤起学生的生活经验，有利于学生主动开展语文认知活动。 2. 提供丰富的生活资源，满足学生多样化学习与探究和思考的需求；教学手段符合教学实际和需求；有效利用课堂生成资源。 3. 科学恰当地组织学生开展独立探究、小组合作与交流等活动，组织得当，引导与指导到位。
教学方法	灵活（25分）	1. 语言与肢体语言具有亲和力、感染力，思维清晰，语言精辟。 2. 教学设计与实践个性化。 3. 具有深厚的学术素养和语文文化底蕴，厚积而薄发。
综合评价		
存在问题及建议		

　　我校"梦想课堂"在有效评价的指导下，逐步完善。课堂活动形式多样，与时俱进；课堂上教师语言富有亲和力与感染力，教师真正化作学生梦想的引导者，以深厚的文化底蕴滋养学生的精神世界。

二、实施"梦想阅读"课程，全面提高学生语文综合素养

　　"欣赏文学作品，有自己的情感体验，初步领悟作品的内涵，从中获得对自然、社会、人生的有益启示。"[①]"梦想阅读"就是要引导学生博览群书，在浩瀚的中外文化海洋中感受先贤情怀，感受语言文字魅力，增长知识、获得启示、提升品位，树立正确的人生价值观，为写作实践蓄势，为放飞梦想奠定坚实的基础。

（一）"梦想阅读"的要义

　　"梦想阅读"主要是激发学生学习语文的兴趣，帮助学生形成良好的学习习惯，调动学生阅读的自觉性、积极性、独立性，从而使学生的语文素养得以提升、健康人格得以形成。"自主、合作、探究"是"梦想阅读"的主要特征。

----

① 中华人民共和国教育部.义务教育语文课程标准（2011年版）[S].北京：北京师范大学出版社，2012：15.

（二）"梦想阅读"的推进策略

"梦想阅读"尊重学生的主体地位，通过"自主、合作、探究"的模式，让学生在积极参与中提高兴趣，在自主阅读中获得新知。具体实施策略如下：

1. 结合教材，确定书目。根据课标要求确定书目，学生利用"碎片时间"和假日、休息天进行自主阅读。七年级必读和推荐阅读书目有《骆驼祥子》《海底两万里》《我的大学》《朝花夕拾》《西游记》《基地》等；八年级必读和推荐阅读书目有《昆虫记》《傅雷家书》《名人传》《红星照耀中国》《钢铁是怎样炼成的》《平凡的世界》等；九年级必读和推荐阅读书目有《水浒传》《简爱》《儒林外史》《艾青诗选》《格列佛游记》《红岩》等。

2. 开设课程，培养能力。利用每周一节阅读课和一、三、五下午活动课时间，在保证完成课标必读和推荐书目的基础上，适时推荐一些适合学生的、学生喜爱的读物让学生自主阅读，并帮助学生开展交流活动，让学生在阅读交流中获得新知，从而培养学生的口头表达和写作能力。

3. 定期评选，树立榜样。以班级为单位，将每周评选出的1—3篇优秀"阅读笔记"进行班级交流和集中展示，同时，每月评选出1—3名"阅读小明星"，为学生树立榜样。

（三）"梦想阅读"的评价要求

"梦想阅读"旨在帮助学生形成良好的阅读习惯，并让每个学生参与到每次的评选活动中，充分调动学生主动阅读的自觉性、积极性、独立性。教师在引导时注重培养严谨认真、积极主动、广泛阅读、大胆交流、合作学习等良好的学习习惯。具体评价内容如下（见表5-4、表5-5）。

表5-4　合肥市大柏中学语文学科"阅读笔记"评价表

班级		姓名		评选时间	
阅读篇目	评 价 标 准			分值	得分
	态度认真，书写工整、整洁，没有错别字			15	
	语句通顺，表达清晰、流畅			15	
	字数不少于500字			20	
	情感真实，无空话、套话，充满正能量			25	
	能联系生活实际，有自己真实的感悟			25	
总得分					

表5-5 合肥市大柏中学语文学科"阅读小明星"评价表

班级		姓名		评选时间	
项　目	评　价　标　准			分值	得分
阅读时间	每天至少阅读30分钟			10	
阅读数量	每月阅读数量不少于两本			20	
参与情况	阅读课和阅读活动课无迟到、缺勤现象			10	
活动表现	主动参与讨论，发言积极			10	
获奖情况	"阅读笔记"（"读后感"）每月至少有两次评为优秀			25	
阅读痕迹	阅读的书目上，每本不少于30处的批注			25	
总得分					

说明：每次评选，所有学生均是无记名填写评价表。

通过阅读笔记评价，学生养成了"不动笔墨不看书"的好习惯，积累了大量优美的语言素材，为自己的创作打下了基础。"阅读小明星"的评选，让学生的阅读更加规范，既保证了大多数学生基本的阅读量，又鼓励了喜爱阅读的学生的积极性。

三、设立"梦想语文节"，激发学生语文学习兴趣

"梦想语文节"丰富了校园的文化，提高了学生的语文素养，营造出热爱语文、学习语文的文化氛围，激发学生语文学习兴趣。通过节日活动，广大学生热情高涨地融入文学的海洋中，最大限度发挥自己的聪明才智，在快乐有趣的活动中增长知识，提升素质，陶冶情操，健全人格。

（一）"梦想语文节"的要义与操作

为了给学生提供展示自己智慧的平台，营造浓厚的语文文化气息，提升语文素养，我们设立了"梦想语文节"。语文节的内容不是固定不变的，教师可以根据实际情况，创设有意义的节日内容。"梦想语文节"课程具体如下（见表5-6）。

表5-6 合肥市大柏中学语文学科"梦想语文节"课程

时　间	年　级	节　日	课　程
3月12日	七年级	词趣节	成语故事、成语接龙、猜灯谜
5月4日	八年级	诗韵节	诗歌诵读、经典传唱

时 间	年 级	节 日	课 程
10月12日	九年级	书香节	名作电影欣赏、名家名作阅读推荐交流（我与名家、名著有个约会）

不同年级有不同的"梦想语文节"活动，这些活动大大激发了学生学习语文的热情，拓宽了学生的语文视野，引导学生发现"生活处处有语文、语文处处皆趣味"。

（二）"梦想语文节"的评价标准和方法

节日课程活动要规范、科学、有序，构建适合学生年龄特征的评价体系，能保证节日课程高效开展，从而真正促进学生的发展。我校由语文老师和学生代表组成的评价小组，从四个方面对各个活动小组进行评价。评价人员共四人，教师与学生各两人，依据评价标准，做出合理评价。"梦想语文节"课程评价标准如下（见表5-7）。

表5-7 合肥市大柏中学语文学科"梦想语文节"课程评价标准

小组人员		评价教师	
课 题		班 级	
项 目	评 价		评 价
活动内容 30分	难易适度，符合学生的年龄特征		
	有趣味性，提高学生的兴趣		
	有神秘性，激发学生的好奇心		
	贴合生活实际，提高学生解决问题的实践能力		
活动形式 20分	形式要生动活泼，把学生引入求知的活动中		
	个人与团队结合，语文知识与社交能力共同增长		
	多方面开发资源		
	参与到社会生活活动中，提升多方面能力		
活动过程 30分	学生参与积极，主体作用发挥好		
	各种能力提高循序渐进		
	教师管理有方，学生活动有序		

（续表）

活动效果 20分	学生兴趣得到培养，个性特长得到发展		
	拓展了学生的思维空间，培养了学生的创新意识		
综合评价			
精彩之处：		问题及建议：	

　　"梦想语文节"自开展以来，不仅注重趣味性，同时注重学生语文思维的培养，学生在活动中勇于创新、大胆实践，各种能力循序提高。

四、建设"梦想社团"，展示语文学习风采

　　为了丰富广大学生的课余生活，提高学生的文学素养，营造健康、高雅、多彩的校园文化，给广大学生提供展示自我风采和相互交流的空间、创作的园地，使学生在学习中创作、在创作中交流、在交流中成长，我校成立了松柏文学社。社团宗旨是：涵养文气、丰厚底蕴、提高素养、促进成长。

（一）"梦想社团"的要义与操作

　　我们不仅有基础类和多样的嵌入类课程，也提供了丰富的选修类课程，充分尊重学生的选择权。教师事先根据学生实际情况设置社团课程，通过班级公示后，让学生根据自己的兴趣和需要报名，最终确定参加"梦想社团"同学名单。

（二）"梦想社团"的课程设置

　　我校"梦想社团"由墨香阁、流连古诗苑、对话名人馆等组成，分别向各年级开设，社团教师精心围绕主题，开展丰富多彩的社团活动（具体见表5-8）。

表5-8　合肥市大柏中学语文学科"梦想社团"课程

时　间	地　点	年　级	社团名称
周五下午	学校书画教室	七年级	墨香阁
周五下午	阅览室	八年级	流连古诗苑
周五下午	九（1）班教室	九年级	对话名人馆

（三）"梦想社团"的评价方法

　　"梦想社团"活动，旨在激发学生学习语文的兴趣，陶冶学生情趣、磨炼学

生意志、增进学生间的友谊。我们的评价方式多样，有记录活动过程中学生各方面表现的量化评价表，还有对学生的问卷调查，了解学生对社团活动的期望，便于教师把握社团后期发展方向。"梦想社团"的评价标准如下（见表5-9）。

表5-9　合肥市大柏中学语文学科"梦想社团"的评价标准

评价项目	评　价　标　准	评价	备注
过程评价（60分）	制定可行的管理制度及详细活动计划（5分）		
	活动主题、内容、形式有创新（10分）		
	活动组织井然有序，学习氛围浓厚（10分）		
	社团名册及活动过程记录详实（10分）		
	活动照片及学生作品保存完整（5分）		
	教师的指导张弛有度，有针对性（10分）		
	每次活动结束后都有相应的总结、反馈、评价（10分）		
成果展示（40分）	展示形式丰富新颖（10分）		
	内容符合社团特点、全面完整（10分）		
	活动小组分工合作有序（10分）		
	有借鉴价值的经验与反思（10分）		

在社团中学生是活动的主体，每一位社团教师都用心记录下社团成员参加活动的身影，或制作成精美的视频，或编辑成优美的文章。三年下来，学生们在社团中的成长是显著的。

五、开展"梦想之旅"，在游学中感受语文之美

生活处处皆学问，语文学习不能仅仅立足于课本，还要让学生走进生活、走进自然，通过对生活、自然的观察体验，丰富他们的知识，拓展他们的视野，加深他们对自然、社会生活的认识和感悟，为未来放飞梦想打下坚实的基础。

（一）"梦想之旅"的要义

"读万卷书，行万里路"，语文学习需要将广泛阅读书本知识与社会实践相结合。我们依据这一理念，结合本地资源，在每年春暖花开和秋高气爽时各开展一次"梦想之旅"。引领学生走进自然，如祥源农场，走入官亭林海，感受自然的神奇；走进千年古镇和名人故居，如三河古镇、寿县古城、刘铭传故居、李鸿章故居等，感受历史文化之美。引导他们更好地体悟名人笔下

的美景，鼓励他们尝试用自己的笔来描绘美景、抒写情怀。

（二）"梦想之旅"的推进策略

"梦想之旅"是让学生学习之余走出课堂，走入社会，融入自然，欣赏体味自然、人文之美。实施时，学校组织者应事先周密筹划，精心组织，确保活动安全、有意义。让学生在大自然的怀抱中陶冶性情，在社会实践活动中体悟人文之美，为未来走向社会打下坚实的基础。

（三）"梦想之旅"的评价标准

"梦想之旅"让学生用自己的眼睛去欣赏自然、人文之美；用心去体会自然、人文之美；用笔去描绘自然、人文之美。这一活动提高了学生的能力，陶冶了学生的情操。我们在总结评价时从过程评价和成果展示两方面进行（见表5-10）。

表5-10 合肥市大柏中学语文学科"梦想之旅"的评价标准

评价项目	评 价 标 准	评价
过程评价 （60分）	制定详细可行的活动计划并做好安全保障工作（10分）	
	活动主题、内容、形式有新意（10分）	
	活动组织井然有序，学习氛围浓厚（10分）	
	活动照片及学生作品保存完整（10分）	
	教师的指导恰当，有针对性（10分）	
	每次活动结束后都有相应的总结、反馈、评价（10分）	
成果展示 （40分）	展示形式丰富新颖（10分）	
	活动展示内容以游学活动为主（20分）	
	有借鉴价值的经验与反思（10分）	

"梦想语文"课程自实施以来，在我校教师的努力创新、不断完善下，成为兼具"脚踏实地"和"仰望前瞻"双重特点的课程。我们鼓励学生用自己的眼睛去欣赏自然、人文之美，关注社会、民俗之美，用本土资源作为语文学习的坚实土壤。我们引导学生热爱祖国语言文字，培育他们高尚的审美情趣和一定的审美能力，让他们敢于拥有梦想、追求梦想。

（撰稿人：陈继传、莫道强、柏宗俊、何维成、陈继胜）

第六章

语文与智慧：
绽放语文学习的智慧之花

学习语文的岁月，是一条长河，深深浅浅，都是有关智慧的歌。语文，是一种智慧；语文学习，其实是智慧的挑战。一首小诗，几行句子，是语文思维的碰撞，是读者与作者情感的共鸣。这些收获与恒久的智慧有关，却又蕴含着灵动的意味。我们学语文，是语言在我们的心中开一朵别样的花朵，让世界为它赋彩。

智慧是一个古老而神秘的概念，当人们提起它的时候，常常会和一些先贤的历史传说联系起来，但这并不妨碍它作为一个时下的热词被人们研究和追捧。据《辞海》里讲，"智"的意思主要有：（1）聪明。（2）智慧、智谋。（3）通"知"，知道。"慧"的意思主要有：（1）智慧：聪明。（2）狡黠。智慧的意思主要是："对事物能认识、辨析、判断处理和发明创造的能力。"

语文教学离不开学生的个性化阅读，离不开学生的自主性感悟。《义务教育语文课程标准（2011年版）》提出："阅读教学中，应让学生在积极主动的思维和情感活动中，加深理解和体验，有所感悟和思考，受到情感熏陶，获得思想启迪，享受审美乐趣。"由此看来，启迪学生生成智慧，引导学生在学习过程中提升思辨能力和思维品质已成为语文教学必须努力的方向。当今语文课程教育最明显的缺陷是太依赖于语文的工具性和功利性，追求单一知识和技能，片面关注升学率和就业率，从而忽视学生精神成长和人格养成等方面，缺少智慧的引导。要实施初中语文课程智慧教育就要把智慧放在首要位置，明确初中语文课程教育在学生人生智慧获取过程中的重要引导作用和启示意义。这样既能够符合尊重学生生命主体性的要求，同时又符合现代高中语文课程教育关注人文性的特征。知识从最基础的层面来说，它能够以语言文字的方式解释各种事物，但知识仅仅限于书本中，它并不能够帮人们解决日常生活中的各种实际问题。"对知识的合理利用必须依靠智慧，从知识走向智慧是全人类共同利益的需要，也是新的知识观对教学提出的新要求。"初中语文教学在教会学生学习并储存学问的基础上，引导学生运用智慧的方式去生活。初中语文课程智慧教育是在智慧特性的基础上，培养出智慧的学生。

越过单一的语言讲授的藩篱，突破单纯的文字传授的重围，让丰富的课堂活动、生动的生活援引、高扬的人文精神为语文课堂开辟一条开满鲜花的小径。"灵慧语文"，让学生在课堂上灵动地思索，不断接受智慧的挑战，或携起伙伴的手，一路撷取春日小径的芬芳，享受夏日路边的荫翳。这些美好可能来自一首小诗，数行难以忘怀的句子。这些快乐是语文思维的碰撞，是读者情感的共鸣。这些收获与恒久的智慧有关，却又总是蕴含灵动的意味。

灵慧语文：重构语文学习的灵动与智慧

　　合肥市琥珀中学教育集团语文组，现有教师40人，高级、一级教师和具有研究生学历的教师多人，多年来荣获了课堂教学、教育论文、学科课题等多个领域的奖项。教研组秉持"灵慧语文：重建语文的灵动与智慧"的语文课程理念，制定课程方案，充分发挥团队合力，认真开展各项活动，积极参与区、市、省乃至全国组织的各类教科研活动，在教科研方面取得了可观的成果。我们依据教育部《关于深化课程改革落实立德树人根本任务的意见》《义务教育语文课程标准（2011年版）》（以下简称《语文课标》）的指导，制定"灵慧语文"课程群建设方案，取得了可喜的成效。

第一节

展现语文学习的灵动与智慧

一、学科价值观

语文课标指出："语文课程是一门学习语言文字运用的综合性、实践性课程。"①基于这种认识，我们认为语文课程的学科价值在于它和生活的密切联系：知识能力上要关注读写方面是否打下了坚实的基础；学习过程中要注意合作、质疑能力和思维品质的提升；资源方面更要把生活中语文资源的开发落到实处。总之，语文学习过程要为个人甚至民族将来的持续发展做准备。

二、学科课程理念

语文课程的综合性与实践性决定了语文课程既来自于实践，又运用于实践，而能在生活实践中灵活智慧地运用恰是它最有价值的地方。这意味着语文课程应在实践中着力提高学生对汉语言文字的综合运用能力。无论是教学内容，还是教学方式，语文学科都需从实践中不断汲取力量、资源，从而使课内外的语文学习鲜活生动。所以它是灵动智慧的，而不是固化死板的，这样，语文学科的生命力就不再是一张张苍白的考卷，而体现为一次次充满灵性与智慧的读写实践。基于此，我们把学科课程理念定义为"灵慧语文"。

"灵慧语文"坚持以"灵动的读写实践"为本。语文课程是实践性课程，它的教学内容贴近生活实际，教学方法更少不了丰富的语文实践，教学最后

---

① 中华人民共和国教育部.义务教育语文课程标准（2011年版）〔S〕.北京：北京师范大学出版社，2012：2.

的指向也是从实践中来，到实践中去。尤其是读写两大板块，在学生将来的生活中运用广泛，影响深远，教学者不能只抓住课本甚至是所谓的命题方向，功利地"教授"语文，而要牢牢扣住读写实践去组织教学。总之，"灵慧语文"主张用大量读写实践来提高语文学习效率。

"灵慧语文"坚持以"智慧地自主探究"为要。"灵慧语文"需要联系生活，学生的学习方式需要向自主、探究方向改变。"自主学习"指学生能够利用手头资料和工具主动进行语文学习，并能形成一定的学习成果。"探究学习"就是要培养学生的质疑精神和思辨能力，因为相比标准答案，学生的钻研劲头、求知欲望和探究能力才是最终目标。这样，学习由被动变成主动，由机械理解变成灵活探究，增添了语文学习的灵动和智慧。

"灵慧语文"坚持以"丰富的生活资源"为源。语文学习要激发学科的智慧，发现并剪裁生活中丰富的可以拿来教学的资源，再运用于课堂。由于地区、学校、学生之间存在各种差异，语文课程资源既要有共同点，又应该有个性特点。我校努力开发了和本校学情相适宜的课程资源。因为这些资源和学生们的日常生活密切相关，所以能激发他们对语文学习的兴趣，从而在实践中切实提高语文核心素养。

第二节

以灵动的文字之泉滋养心灵

语文课标指出："语文课程致力于培养学生的语言文字运用能力。"[1] 语文不仅为学习其他学科打下基础，对学生的终身学习和综合发展也有莫大好处。同时，对继承和弘扬中华民族优秀传统文化和革命传统，增强民族文化认同感、凝聚力和创造力，具有不可替代的优势。因此，语文课程是当代每一位学生应该要重点学习的一门学科，它能让我们时时刻刻享受于语文学习之中，感受其外在的语言魅力和内在的精神特质。

一、学科课程总目标

依据《语文课标》，语文课程目标有五个领域：识字与写字、阅读、写作、口语交际、综合性实践。依照总目标以及我校"灵慧语文"的课程理念，我们设置了语文课程总目标。

（一）灵慧书写

写字姿势正确，养成认真的书写习惯；能够规范且熟练地书写正楷和行楷文字；通过临摹名家书法作品，体会书法的审美价值，增强对汉字的热爱。

（二）灵慧阅读

了解并学会多种阅读方法，并能综合运用到阅读实践中去；提高阅读的速度，扩大阅读的范围；在阅读中，能够把握不同文体的特点，品味关键的

---

[1] 中华人民共和国教育部.义务教育语文课程标准（2011年版）［S］.北京：北京师范大学出版社，2012：1.

字词句，有真实的情感体验，能体会到文章的深刻内涵；不断提高欣赏品位，丰富自身的精神世界。

（三）灵慧写作

热爱生活、细心观察生活、多角度描绘生活，写出表意明确、内容充实、情感真挚、富有创意的文章。写作前，要有审题立意、选取素材、布局谋篇的意识；写作中能够根据文体的需要选择恰当的表达方式；写作完成以后，要有修改润色的习惯。从而不断提高个人的写作能力，创作出有价值的文章来。

（四）灵慧交际

能够在不同的场合跟不同的对象文明且得体地交流。善于倾听，迅速理解把握他人表述的内容，并能准确、完整地复述、转述。通过讨论或恰当地辩论，清晰地表达自己的见解。

（五）灵慧实践

关心学校和身边的热点问题，组织多种语文实践活动，在活动中合作讨论、分析问题。能自主设计活动主题、制定活动计划，撰写活动报告，灵活选择不同的方式展示活动成果。

总而言之，我校致力于通过书写、阅读、写作、交际和实践等各项语文活动，让学生体验语文学习的快乐，做有语文灵性和智慧的中学生。

二、学科课程年级目标

在学科课程建设过程中，仅仅知道年级的笼统目标是很难指导课程建设的，我们必须清晰每一个学期以及各单元的具体目标。因此，我们在《语文课标》的指导下，依据教材和教学用书，梳理出三个年级六册书三十六个单元的课程具体目标，这里，我们将九年级下学期语文学科课程目标展示如下（见表6-1）。

表6-1 九年级下学期语文学科课程目标表

单元 \ 内容	共 同 目 标	我 校 课 程 目 标
第一单元	要在反复朗读、感受诗歌韵律的基础上，进一步把握诗歌的意象，体会诗人的情感，理解诗中蕴含的哲理。	1. 反复诵读，体会诗歌的韵律和节奏。 2. 通过分析诗中意象，体会诗人的情感表达。

内容 单元	共 同 目 标	我 校 课 程 目 标
第二单元	要在梳理情节、分析人物形象的基础上，对作品的内容、主题有自己的看法，理解小说的社会意义。学习欣赏小说语言，了解小说多样化的风格。	1. 理清小说情节，分析人物形象，理解小说主题。 2. 品味小说语言，体会小说不同的写作风格。
第三单元	注意把握古诗文的意蕴，领悟作者的思想感情，并能够运用历史眼光审视作品的当代意义。注意在诵读中增强文言语感，积累常见文言词语。	1. 积累文言典故、文化常识。 2. 了解古代诗文常见的艺术表现手法。
第四单元	注意了解作者的观点，学习思辨的方法；发现疑难问题，独立思考，有自己的见解；还要学习文中介绍的文艺欣赏方法，迁移运用到自己的欣赏实践中。	1. 梳理文章的论述思路，学习辩证分析问题，提升思维品质。 2. 学习辩论的基本技巧，表达时观点要清晰、明确。
第五单元	梳理主要情节，把握戏剧冲突；分析人物形象，理解人物内心；品味人物语言，揣摩台词含义；关注舞台说明，设想舞台表现；了解故事背景，深入理解主题。	1. 了解戏剧的基本特点，把握人物形象，体会戏剧冲突和主旨，从中获得人生感悟。 2. 试着编写剧本，参与排练与演出。
第六单元	熟读成诵，并将精彩的句段摘抄下来。注意回顾学过的文言文，积累常见的文言词语，理解词语古今意义的差异，提高阅读文言文的能力。	1. 积累文言词语。 2. 提高文言阅读能力。

我校"灵慧语文"以"灵动的读写实践"为本，以"智慧地自主探究"为要，以"丰富的生活资源"为源。总之，以总目标为统领，又按阶段进行具体地细化与分部实施，力争培养出具有语文灵性和智慧的中学生来。

第三节

灌溉灵性智慧的种子

一、学科课程结构

依据《语文课标》，语文课程目标包括五个领域：识字与写字、阅读、写作、口语交际、综合性实践。我校制定了符合本校学情、师情、校情的语文课程框架：灵慧书写、灵慧阅读、灵慧写作、灵慧交际与灵慧实践（见图6-1）。

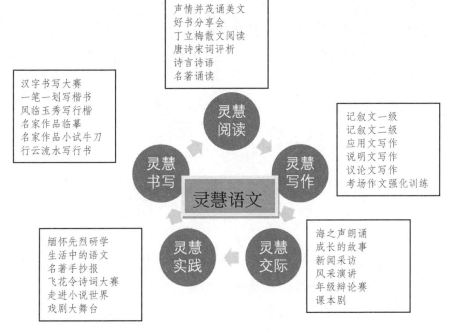

图6-1 "灵慧语文"课程群结构图

（一）灵慧书写

内容主要为楷书、行楷和行书的书写练习及书法作品展示活动。课堂上，教师结合信息技术多媒体手段传授学生专业的书法技能；课后，家校一起做好追踪工作，要求学生每天坚持临摹字帖，学校定期评比。以期在家长和学校的合力督促下，提高学生对书法的重视，改变汉字书写潦草、易写错别字的现状，养成良好的书写习惯，培养他们对书法的热爱。

（二）灵慧阅读

内容以名著导读、名家散文和唐诗宋词为主，着重培养学生的个性化阅读。加强对学生阅读的点拨、指导和引领，让阅读与生活紧密挂钩，提高学生对阅读的亲切感。坚持阅读面、阅读量和阅读品质的三者统一，在阅读中增长见识，提高阅读能力，从而收获较为丰富的积累和良好的语感，发展感受和理解的能力，获得精神上的熏陶，获得新的思想启迪以及审美理趣。

（三）灵慧写作

内容主要是记叙文、说明文和议论文的初步写作以及考场作文升格。教师通过取材、立意、构思、起草、加工等环节的层层指导，使学生在实践中不断提升写作能力。同时，引导学生自我修改和相互修改，并且把写作教学与阅读教学、口语交际教学三者结合起来，在阅读中总结写作手法和表达技巧，在口语交际中学习规范用语，将这些表达能力迁移到写作上来，真正做到语文学习上的融会贯通。

（四）灵慧交际

"灵慧交际"课程形式丰富，如朗诵、新闻采访、风采演讲、辩论赛、课本剧等。教师采用灵活的形式组织教学，积极创设真实情境，培养学生的表达能力和临场反应能力，提升个人气质和思维水平，沉着冷静地应对各种社交场合。

（五）灵慧实践

开展研学游、生活中的语文、走进小说世界、戏剧大舞台等多种实践活动，课程注重建立语文和生活的连接，引导学生在开放多元的活动中学习语文。充分发挥学生自身的主观能动作用，培养学生积极的参与意识以及查找资料、开展小组讨论、合作探究分析问题的能力。

二、学科课程设置

在按要求完成七、八、九年级国家规定的基础课程外，我校根据学情，由易到难，并考虑和基础课程的关联以及学生需求，设置了我校的拓展课程，由各年级的任课老师组织实施（见表6-2）。

表6-2 "灵慧语文"课程设置表

类别 / 内容 / 学期		基础课程	拓 展 课 程				
		国家部编教材	灵慧书写	灵慧阅读	灵慧写作	灵慧交际	灵慧实践
七年级	上学期	七上课本	汉字书写大赛	声情并茂诵美文	记叙文一级	海之声朗诵	缅怀先烈研学
	下学期	七下课本	一笔一划写楷书	好书分享会	记叙文二级	成长的故事	生活中的语文
八年级	上学期	八上课本	风临玉秀写行楷	丁立梅散文阅读	应用文写作	新闻采访	名著手抄报
	下学期	八下课本	名家作品临摹	唐诗宋词评析	说明文写作	风采演讲	飞花令诗词大赛
九年级	上学期	九上课本	行云流水写行书	诗言诗语	议论文写作	年级辩论赛	走进小说世界
	下学期	九下课本	名家作品小试牛刀	名著诵读	考场作文强化训练	课本剧	戏剧大舞台

让世界为灵慧之花赋彩

　　语文是促进学生全面发展和终身发展的核心课程。语文素养是一种内化于心的技巧和能力。"灵慧语文"，让灵慧种子在学生心中生出知识的根、发出文化的芽、开出综合素养之花。

一、打造"灵慧课堂"，落实语文课程理念

　　课堂是教学主张落地生根的主阵地。"灵慧课堂"上，每一个学生都能快乐主动地进入多姿多彩的语文天地，每一个学生的听说读写能力都能在教师的引导下得到适当锻炼，从而感受语文的无穷魅力，享受语文学习的乐趣，体验自我学习语文的点滴进步和成功。"灵慧课堂"是学生享受快乐的课堂，是学生生命拔节的课堂，是学生不断成长的课堂。

（一）"灵慧语文"课堂的实施

　　1. 开展集体备课，合力教研助力课堂。我校一直坚持由学科组长带领组员进行集体备课，持续深入研究课程理念的具体实施方法。各校区每两周结对教研一次，让"灵慧课堂"有源源不断的活水。每学期一次的标杆课、青蓝师徒结对课、青年教师公开课等，围绕一个主题，分期阶段性地完成对灵慧课程理念的持续挖掘。

　　2. 丰富诵读形式，让灵慧之花生根发芽。读是学习语文的重要方法。"灵慧课堂"更加注重多形式、个性化的阅读。在课堂上，教师会采用名家示范朗读、分角色朗读、默读、配乐朗读、听读等形式，让学生在朗读中感悟文字带来的节奏韵律的音乐美、想象文字勾勒的画面美和文字之外的生活美。

尤其重视精读、品读，这是学生读写实践的重要阵地，含英咀华，感悟文字背后的微言大义。

3. 当堂小试牛刀，是"灵慧课堂"的中心。写是思考的升华，不落实写，语文课堂只能浮在语言的表面。"灵慧课堂"重在读写实践，写是必要的环节。当堂写，创设情境，控制时间，让学生的头脑在短时间里快速调集资源，处理信息，完成小小的创作。对字词的联想，对重要句型的仿写，对主旨的延伸，对实际生活的感悟……这些都是课堂上的头脑风暴。当然，课下"阅读笔记"的记录，"阅读卡"的制作，更是课堂的延伸。

4. 引入生活中的资源，让灵慧之花更灿烂。"问渠那得清如许，为有源头活水来"，语文是生活的镜子，"灵慧课堂"要求我们有大语文观。生活中的资源就像课堂中的阳光，让灵慧之花更加灿烂。课前采用表格、资料夹、图片、小视频等方式，让学生提前去收集生活中的语文资源，比如街道标语的错字，广告牌上的谐音字，学校走廊悬挂的名言警句等。各小组会对收集的资源进行整理、分类汇总，课堂上教师会对资源进行整合、编辑，优化成鲜活的语文"教材"。写作课上，教师会带学生走进校园真正去观察他所喜欢的校园一角，在让学生全身心地体验后，完成一篇用眼睛和心灵写出的习作。

5. 自主合作探究式的小组活动，让课堂精彩纷呈。课前教师会把班级学生分成6到8个互帮互学小组，可分为字词积累组、内容概括组、主旨探究组、美词佳句品析组、人物形象探讨组等，也可由学生自由分组和命名，自主分工协作，最后在组长的合理分配和教师的科学指导下共同完成本组的学习任务。比如学生在课后会分组录制美文配乐朗读，自主合作编写课本剧等。

（二）"灵慧课堂"的评价标准

依据我校"灵慧课堂"的理念，我们设计了"灵慧课堂"评价量表（见表6-3）。

表6-3 "灵慧课堂"评价量表

等级 项目	优 （完全达到）	良 （基本达到）	中 （勉强达到）	待合格 （不能达到）
朗读	1.师生情绪饱满，教师范读、配乐朗读、小组比赛读等方式多样。 2.学生享受听读，想展示自己的朗读特长。			

（续表）

等级 项目	优 （完全达到）	良 （基本达到）	中 （勉强达到）	待合格 （不能达到）
交流	1. 学生敢说，会说，做到轻松自如与人交流，在课堂上感受学习语文的乐趣。 2. 教师鼓励、欣赏、引导、尊重每个学生的独特的阅读与思考体验。			
倾听	1. 以欣赏、寻找优点的方式倾听老师和同伴的朗读。 2. 有效倾听，记录别人学习的好方法。			
训练	1. 教师能够用心去开启学生的智慧之旅。 2. 从被动到主动，不断提升自己的写作能力。			
收获	1. 课堂能不断创新，有文化，有底蕴，有深度。 2. 学生不仅收获知识，还收获再学习的激情。			
反思	1. 教师能及时反思上节课或课后作业的反馈情况，及时调整教学或管理的策略。 2. 学生能在语文课堂上感受本课学习的意义，及时反思自己的不足，并努力改正。			

二、开展"灵慧阅读"，提升学科课程魅力

"灵慧阅读"是指在现有的硬件设施下，充分利用身边的资源，营造出灵动、智慧的阅读环境，从而调动学生阅读的积极性。"灵慧阅读"不仅能让学生喜欢阅读书籍，欣然接受科学文化知识，提升语文核心素养，陶冶情操；还有助于学生通过阅读带来的美好感受来调节学习生活中的紧张节奏，从而释放学生生理和心理的压力。

（一）"灵慧阅读"的实践操作

1. 充分利用学校图书馆、文化墙、图书角等基础设施。学校依据课标和学生需要充实学校图书馆，把空白的墙壁变成了学生的阅读区域。墙壁与宣传栏中的阅读内容时常更新，充分利用学校和班级图书角，定期更换书目，制定借阅的规章制度，并有专人维护与管理。班内图书角的书籍来源，有从学校图书室借阅的书籍，有班与班之间的漂流书籍，有学生捐赠的书籍。学校严格把控这些书籍的合理性、健康性、多元性。

2. 开设必读和自读相结合的阅读课。学校依据课标和语文学科的特殊性，每周开设两节阅读课，同时结合本校学情，教师推荐了丰富合理的阅读书目，分必读和自读两类（见表6-4和表6-5）。

表6-4　七至九年级必读名著篇目

时间 学期　　篇目	周三第四节	周五第四节	自定时间（周末）
七上	《朝花夕拾》	《西游记》	《草房子》
七下	《骆驼祥子》	《海底两万里》	《假如给我三天光明》
八上	《红星照耀中国》	《昆虫记》	《平凡的世界》
八下	《傅雷家书》	《钢铁是怎样炼成的》	《穆斯林的葬礼》
九上	《泰戈尔诗选》	《水浒传》	《红楼梦》
九下	《格列佛游记》	《简爱》	《蒲柳人家》

表6-5　七至九年级自读名著篇目

时间 学期　　篇目	周五晚	周六晚
七上	《城南旧事》《镜花缘》	《湘行散记》《猎人笔记》
七下	《林家铺子》《创业史》	《基地》《哈利波特与死亡圣器》
八上	《寂静的春天》	《星星离我们有多远》
八下	《我们仨》	《欧·亨利短篇小说选》
九上	《聊斋志异》	《巴黎圣母院》
九下	《呐喊》	《沙乡年鉴》

为了让学生更主动更有效地投入到阅读中，我们的阅读课形式也呈现多样化，通过名著推介课、中期推进课、总结展示课等形式，带领学生分阶段进行阅读。

3. 鼓励家长进行亲子阅读。家庭环境是学生成长环境中重要的组成部分。虽然已经步入初中，但榜样的力量和家庭氛围的影响依然发挥着重要作用。我校每学期在《致家长的一封信》中都大力提倡家长为孩子创设良好的阅读氛围。因为阅读活动不仅仅是一种校园行为，更是学生终身受益的行为。虽然受多方面的因素影响，我校一部分的家庭难以完全做到，但开卷有益，比如七年级"书香家庭"大比拼、八年级"最美读书姿态"摄影展、九年级"我读故我在"等活动让无声的家庭环境变成有声的沟通语言。我们呼吁让每一个孩子都爱上阅读，让语文的魅力散发到家庭和社会的每一个角落！

（二）"灵慧阅读"的评价标准

《语文课标》指出："应注意将教师的评价、学生的自我评价及学生之间的相互评价相结合，加强学生的自我评价和相互评价，促进学生主动学习，自我反思。评价要理解和尊重学生的自我评价与相互评价。要尊重学生的个体差异，有利于每个学生的健康发展。"[①]

基于对课标的认识，班级层面以过程性评价为主，激发学生阅读的兴趣。每月每班都评出"班级阅读之星"、5篇优秀"阅读笔记"、5份优秀"阅读卡"，为学生树立身边看得见的榜样，并在全校展示。具体内容如下（见表6-6和表6-7）。

表6-6 "阅读笔记"评价表

项　目	分　值	标　　　准	得　分
笔记本	10	有个性化的设计，干净整洁，不卷角	
书写	10	书写工整，标点正确，笔色统一，没有错别字	
数量	15	数量达标，不少于16篇	
字数	10	每篇不少于200字	
内容	30	摘录生字好词、精彩句段，思想深刻，感情饱满	
表达	25	清晰具体地表达自己在阅读后的收获	

表6-7 "阅读卡"评价表

项　目	分　值	标　　　准	得　分
主题	15	鲜明醒目，主题突出	
设计	15	布局合理，美观大方，色彩搭配得当	
书写	10	工整端正，字体多样有变化	
内容	30	充实健康，积极向上，和主题联系紧密，富有感染力和号召力	
插图	15	插图鲜艳活泼，搭配得当，不超过版面的三分之一	
创意	15	有创意、新意，思维独特，富有吸引力	

[①] 中华人民共和国教育部.义务教育语文课程标准（2011年版）[S].北京：北京师范大学出版社，2012：27.

学校层面，以年级为单位，评出"阅读之星""书香家庭""书香班级"优秀称号，以此鼓励学生在家庭或班级中自主阅读，不断提升语文修养。"最美学生"是学校授予优秀学生的最高荣誉称号，其中"阅读之星"是学生在阅读方面的最高荣誉称号，可被推荐参加市区级阅读写作类的比赛。

"灵慧阅读"的各项实践活动，依据课程标准对各个学段阅读的要求，特设以下评价量表（见表6-8、表6-9和表6-10）。

表6-8 "阅读之星"评价表

项　目	分　值	标　　准	得　分
阅读时间	25	每天有30分钟以上的阅读时间	
阅读数量	25	每月读书不少于两本（每学期不少于8本）	
活动参与	25	积极参加各类读书活动	
阅读记录	25	认真完成读书记录，字迹美观，感受深刻	

表6-9 "书香家庭"评价表

项　目	分　值	标　　准	得　分
亲子阅读时长	20	每天有30分钟以上的亲子阅读时间	
自主阅读时间	20	每天有30分钟以上的自主阅读时间	
阅读数量	20	每月读书不少于两本	
活动参与	20	拍摄家庭读书类视频（如：课本剧，配乐朗诵等）	
阅读记录	20	认真完成读书记录，有父母简评	

表6-10 "书香班级"评价表

项　目	分　值	标　　准	得　分
图书角	20	干净整齐，种类齐全，遵守借阅条约，有专人管理	
自主阅读时间	20	每天有30分钟以上的阅读时间	
阅读数量	20	每学期读书不少于8本	
活动参与人数	20	每学期积极参加各类读书活动的人数不少于10人	
阅读卡	20	认真绘制读书卡，图文并茂，每学期上交不少于4份。	

三、设立"灵慧语文节"，享受语文比赛的快乐

为了切实提高我校学生的语文素养，全面提升学生的阅读能力和语言实践能力，我校设立了"灵慧语文节"。"灵慧语文节"每年举办一次，以年级为单位，由本年级语文老师牵头组织。活动内容因年级而异，通过开展古诗背诵、谜语竞猜、手抄报比赛、文学知识竞赛等多种形式，增加学生的语言积累，培养学生的读书兴趣，丰富学生的语文学习经历，让学生深切地感受到语文和语文学习的乐趣无处不在。

（一）"灵慧语文节"的实践操作

"灵慧语文节"分年级进行各项比赛。因年级不同，活动内容、评比要求和活动负责人都不相同。课程设置了具体活动内容和要求（见表6-11）。

表6-11 "灵慧语文节"活动具体内容

年级	内容	具体要求
七年级	1."语文谜语"猜一猜 2.古诗背一背	1.本次比赛的谜语以事物谜为主，谜底既有字，也有生活中常见的事和物，如各种器具、自然现象、宇宙天体等。古诗背诵以飞花令的方式进行，参赛者必须在短时间内完整说出一联含有约定关键字的诗句（关键字如"月""花"等），后面的选手说的诗句不可与前面的重复。 2.活动要求：精选100个语文谜语，每个谜语打印在纸上，过胶后悬挂在走廊栏杆上。以猜对谜语的数目来决定名次。飞花令选用如下高频关键字：月、花、春、雨、江、山等，选手按抽签顺序进行答题。 3.责任人：七年级语文组
八年级	手抄报比一比	1.手抄报比赛以"走进经典、享受阅读"为主题，要求：内容健康，布局合理，主题明确，画面美观，设计新颖。统一大小规格，用A3纸制作。倡导个性化设计。 2.评比要求：以年级为单位，评出一等奖3名，二等奖6名、三等奖12名，所有获奖同学作品在中学部大厅展出。 3.责任人：八年级语文组
九年级	文学知识赛一赛	1.文学知识竞赛的内容包含：中国古代文学知识、中国现当代文学知识和外国文学知识。参赛队由各班精选5位选手组成。 2.比赛要求： ① 抢答题30题； ② 必答题20题； ③ 双倍积分题10题。 3.评比要求：以年级为单位，评出一等奖2名、二等奖4名、三等奖6名，并评出团体一等奖1个和二等奖2个。 4.责任人：九年级语文组

（二）"灵慧语文节"的评价标准

我校"灵慧语文节"深受学生喜爱，活动形式多样，学生参与度高。评价项目和评价内容有明确的规定（见表6-12）。

表6-12　"灵慧语文节"的评价量表

评价项目	权重	得分		评价内容
		自评	师评	
参与意识	10分			1. 学生广泛参与，全情投入。 2. 学生参与活动的积极性高，主动性强。
赛事内容	20分			1. 内容符合《语文课标》的要求，从学生的学习、成长需求出发。 2. 活动内容生动有趣，形式多样，能拓展和丰富学生知识。
活动开展	20分			1. 依据年级特点、学科特点、学生特点，有序组织各项活动。 2. 活动前有计划，活动后有总结。 3. 活动中各个环节衔接紧密，整个过程井然有序。
过程表现	20分			1. 活动过程中学生全神贯注，精力集中。 2. 学生思维活跃，表现突出。
活动效果	30分			1. 拓展了学生的知识面。 2. 综合运用知识的能力得到提高。 3. 得到情感上的满足，更好地弘扬了中国传统文化。

四、建立"灵慧社团"，丰富学生的生活体验

一直以来，我校都是以创建书香校园为目标，而书香校园的创建，当然少不了文学社团的参与。我校成立了"灵慧社团"，指导老师以本校语文老师为主，以校外聘请的专业老师为辅，旨在拓展学生的文学知识，提高学生的人文素养，培养学生的文学兴趣。"灵慧社团"的成立为书香校园的创建增添了生机和活力。

（一）"灵慧社团"的实施

"灵慧社团"是本校少年宫课程的主力，以其独特的魅力吸引了各年级感兴趣或有一定特长的学生。课程由各年级语文备课组长带领组员统一备课打磨，校外资源方面由学校提供支持。我校特地聘请了书法协会的老师指导学

生书法；戏曲教室设施齐全，让人身临其境；学校及时在学校网站上传新闻稿，扩大社会影响力。

根据"灵慧语文"学科课程目标，我们为三个年级分设了不同的课程，具体如下（见表6-13）。

表6-13 "灵慧社团"课程设置表

年　级	课　程　名　称	课　程　类　型
七年级	楷书书写	汉字书写
	描写方法漫谈	写作指导
	好书大家谈	文学鉴赏
八年级	我是小记者	新闻采访
	风采演讲	演讲与口才
	应用文写作	写作指导
九年级	我爱课本剧	创作与表演
	名著诵读	阅读
	考场作文指导	写作指导

"灵慧社团"以黑板报、字帖、名著、作文选等为媒介，以教室、校园、少年宫等为阵地，开展各种各样的文学活动。丰富多彩的文学活动的开展，丰富了学生的课余生活，全面提高了学生的诵读、鉴赏、写作水平，提升了学生的思维能力、审美能力和创造能力。

（二）"灵慧社团"的评价方式

"灵慧社团"学生参与度、合作度都很高，所以评价方式是以学生自评为主，以教师评价为辅（见表6-14）。

表6-14 "灵慧社团"评价表

评价项目	评　价　内　容	得　分	
		自评	师评
参与意识（20分）	优秀：每次活动都积极参与，活动中能与老师积极互动，能积极提交活动成果。		
	良好：参与活动较积极，活动中能听老师讲解，能按时提交活动成果。		
	合格：每次活动都能参加。		

评价项目	评 价 内 容	得 分	
		自评	师评
思维能力 （20分）	优秀：思维活跃，能开动脑筋积极提出问题、思考问题，并努力寻求解决问题的方法。		
	良好：思维较活跃，遇到问题会主动思考，不人云亦云，对问题有自己的看法和见解。		
	合格：能独立思考问题。		
合作探究能力（20分）	优秀：能主动地与老师及其他同学沟通、合作。能主动帮助有困难的同学解决问题。		
	良好：能较好地与老师及其他同学沟通、合作。愿意与同学一起探讨问题、解决问题。		
	合格：能参与社团中的各种合作探究活动。		
创造能力 （20分）	优秀：有很强的创新意识，动口、动手、动脑能力强。		
	良好：有较强的创新意识，愿意动口、动手、动脑去解决大部分问题。		
	合格：有创新意识，愿意动口、动手、动脑去解决一部分问题。		
成果展示 （20分）	优秀：能按时按量提交活动成果，且质量很高。		
	良好：能按时按量提交活动成果，有一定的质量。		
	合格：能按时按量提交活动成果，质量一般。		

五、开展"灵慧研学游"，让语文回归生活

"生活处处皆语文"，语文的学习离不开生活的源泉。研学游活动不仅仅是课堂学习的延续，更能将学生在课堂上学习的知识应用于实践，也能在实践中拓展延伸课堂知识。"灵慧研学游"活动让语文回归生活，让学生在广泛的社会实践活动中领会语文课本中的人文精神，发展自己的灵性。

（一）"灵慧研学游"的组织实施

"灵慧研学游"课程是依据本校实际开展的一项丰富学生课余生活的实践活动，这项课程充分利用了合肥市及周边地区的旅游资源，以年级、班级为单位，让学生在观看展览、聆听讲解、触摸历史遗迹、领略自然风光、感悟人文历史风貌的过程中，挖掘自己独特的灵性和智慧，具体课程设置见表6-15。

表6-15 "灵慧研学游"课程设置表

年 级	主题	内容	学习目标
七年级	熟悉学校 热爱祖国	参观学校的展览室和长廊；参观三国遗址公园	了解学校的历史变迁和校风校纪，增强对学校的认同感和荣誉感；感受合肥悠久的历史文化，增加历史知识
八年级	热爱祖国 先烈情怀	参观合肥市渡江战役纪念馆	了解渡江战役的过程，感受革命先烈的伟大情怀，培养自己的爱国情操
九年级	我爱阅读 合肥名人	走进安徽省图书馆和合肥市图书馆；参观合肥名人馆、杨振宁故居	培养阅读的兴趣，树立终身阅读的目标；了解合肥的历史名人，从他们身上汲取精神力量

1.教师工作

先布置任务，针对此次研学游的目的地设计相关活动，并提前布置好学习任务；接着精心部署，做好活动预案，力求将活动细化；然后保证实施，在研学游的活动中，注意引导学生在"游"中观察、在"游"中感悟；最后总结升华，研学游活动结束后，及时总结，并设计一些活动巩固学生的发现和思考，激发学生继续学习的兴趣。

2.学生活动

（1）准备活动：提前对目的地进行多方面了解，做到活动前对本次活动的目标和意义心中有数。

（2）研学过程：在研学的过程中多观察和思考，锻炼自己的实践能力，自觉将语文课本中的知识与研学游活动结合起来，在活动中丰富自己的灵性。

（3）研学生成：活动结束后，完成老师设计的活动，将自己在研学活动中的心得体会和收获记录下来，发展自己的灵性。

（4）评价活动：依据琥珀中学"灵慧研学游"课程学习目标，对自己在此次活动中的表现给予评价。

（二）"灵慧研学游"课程评价

"灵慧研学游"的评价主要分为过程性评价和总结性评价，均由自评、生评、师评构成（见表6-16和表6-17）。

表6-16 "灵慧研学游"课程评价表

评价项目	评 价 要 点	效果（优、良、中、差）		
		自评	生评	师评
学习内容丰富多彩	1. 师生感情融洽，情绪饱满，教师悦纳、欣赏学生，学生积极向上，表现出旺盛的生命活力。 2. 活动内容丰富多样，紧扣语文课程；师生语文学习收获丰硕。			
学习形式多种多样	1. 用多样化的活动鼓励学生实践、体验、探索，学生能在活动中得到丰富的语文学习体验。 2. 活动趣味性强，使学生能够在学中玩、玩中学，在活动中感受快乐，激发语文学习的兴趣。			
充分释放学生的天性	1. 学生在参与每一项活动的过程中能够动脑、动手、动眼，是活起来的语文课堂。 2. 每个学生都有充分展示自己语文能力的机会，天性得到舒展和释放。			
体验生命的智慧表达	1. 教师能够用心去开启学生的智慧。 2. 学生能够在活动中提高语文口语交际能力，学会正确看待世界的方法，能够理解他人，大方得体地待人处世。			
开拓活动的文化底蕴	1. 活动富有文化底蕴，能与课本中的人文历史知识结合起来，丰厚学生的语文深度。 2. 活动能不断创新，成为语文课堂的延伸。			
形成学生的语文灵性	1. 学生能在活动中感受美，增长语文方面的灵性。 2. 让学生在轻松的氛围中活动，师生关系和谐、平等。			
综合评价：				

表6-17 "灵慧研学游"调查问卷

1. 你的性别是？
 A. 男
 B. 女
2. 你所在的年级是？
 A. 七年级
 B. 八年级
 C. 九年级
3. 你喜欢研学游吗？
 A. 非常喜欢
 B. 一般

C. 认为没用或浪费时间，不太喜欢

4. 以下五个地方，你会选择去哪个地方进行研学游？

    A. 博物馆

    B. 科技展

    C. 历史遗址公园

    D. 自然风光名胜

    E. 革命旅游胜地

5. 你倾向于什么时候研学游？

    A. 节假日

    B. 寒暑假

    C. 平时

6. 你觉得研学游为期几天比较合适？

    A. 1天

    B. 2—3天

    C. 一个星期左右

7. 你选择研学游最大的目的是什么？（可多选）

    A. 纯粹玩乐

    B. 增长见闻

    C. 学习知识

    D. 了解文化

    E. 丰富阅历

8. 如果有机会参加一次研学游，你更喜欢参与以下哪种类型的活动？

    A. 历史探寻

    B. 民俗展示

    C. 自然游历

    D. 科技参观

    E. 艺术实践

9. 你认为此次研学游需要改进的地方是？（可多选）

    A. 研学的时间过短

    B. 开展的活动单一

    C. 老师的管束过多

    D. 行程安排不合理

    E. 游与学的时间安排不合理

10. 你对此次研学游还有什么意见或建议？

    总之，"灵慧语文"课程强调还原语文学习的真实情境，引导学生发现语文和生活的联系，主动探究语文在实践中的运用，感知语言文字的美好，丰富文化积淀，增长生命的灵动与智慧。

（撰稿人：张芳　朱明艳　董春情　段淑芳　何欣）

第七章

语文与文化：探寻文化的强大根系

　　如果说中华五千年璀璨的文明，犹如焕发着强大生命力的参天大树，那么，语文学习无疑是我们沿着蓊郁的枝叶、遒劲的枝干去探寻其深邃发达的根系的重要方式。文学史上一个个不曾褪色的名字，标记着华夏民族的精神坐标；一篇篇佳作蕴藏的精神力量，装点着泱泱大国的星空。从文化维度学语文，方知其博大精深、永恒长青。

随着经济全球化的发展，多元文化浪潮席卷全球，世界各国在文化软实力上的竞争日趋激烈，中华传统文化的认同与传承面临冲击。如何更好地传承中华优秀传统文化，进行中华优秀传统文化教育，已成为新时期必须思考的重要课题。语文即文化，语文教育承载精神文化的教育。中学语文教学关注文化精神是由语文学科的性质及语文教学的特点决定的。传统文化的传承是语文教育研究中的重要内容之一，语文学科作为向青少年传播文化的重要载体，具有并担当了弘扬、传承传统文化的功能和责任。将中华优秀传统文化更科学合理地融入语文教科书是当代语文教育的重要环节，也是引导青少年弘扬和传承中华优秀传统文化的有效手段。《普通高中语文课程标准（2017年版2020年修订）》明确指出语文课程要"继承、弘扬中华优秀传统文化和革命文化"[①]。教师开展语文教学和学生进行语文学习的过程，就是通过对中华传统文化和革命文化的追本溯源，让学生认识到中华传统文化和革命文化的厚实与博大，主动吸收民族传统文化之精华，继承并弘扬中华优秀传统文化，使得中华优秀传统文化之"本"深深根植于学生的精神土壤中，让学生成为中华优秀传统文化的受益者和传承者。

传统文化中仍有充满生命力的部分，包含人们终身发展中不断提供动力的基本技能，以及富有人性光彩的伦理观念、价值理念。文化教学的目的是使我们的下一代增进对这些富有生命力的优秀传统文化的认识和反思，培养正确的伦理道德观念，增强责任感和获得进取的动力，学习文化思辨，衡量传统文化对当今社会的影响，从而做出理性选择。《说文解字》"木下"的解释作"本"。遒劲的古柏，袅娜的垂柳，凡为树木都有"本"。依靠"本"牢牢地抓住滋养自己的土地，以强大的根系作为不断生长的依凭。不止树木，物皆有本。循着语文之本，觅文化之本，继而感知民族之本。"寻本语文"的目的在于使得中华优秀传统文化之"本"深深根植于学生的精神土壤中。一扫狭隘，境界全开，方知为民族崛起而读书是最强劲的原始动力。

小庙中学"寻本语文"认为，中华民族的历史文化传统蕴含着中华民族

---

① 中华人民共和国教育部.普通高中语文课程标准（2017年版2020年修订）［S］.北京：人民教育出版社，2020：2.

传承千年的情感与思想，有着独属于中华民族的精神，是整个民族凝聚力的附着点，也是中华民族绵延不绝的根本动力。

寻本语文：让文化在心底生根发芽

合肥市小庙中学语文教研组是一个优秀的团队，教研组目前共有语文教师9人，中学高级教师4人，中学一级教师5人，其中区级骨干教师2人，市级骨干教师1人。教师平均年龄48岁，师资队伍结构合理，配置良好。我们依据教育部《关于深化课程改革落实立德树人根本任务的意见》《普通高中语文课程标准（2017年版2020年修订）》等相关文件精神，结合我校实际，开展并推进我校"寻本语文"课程群建设，取得了可喜的成效。

让文化在心底生根发芽

一、学科性质观和价值观

《普通高中语文课程标准（2017年版2020年修订）》指出："语文课程是一门学习祖国语言文字运用的综合性、实践性课程。工具性与人文性的统一，是语文课程的基本特点。""普通高中语文课程，应使全体学生在义务教育的基础上，进一步提高语文素养，形成良好的思想道德修养和科学人文修养，为终身学习和全面而有个性的发展奠定基础，为传承和发展中华传统文化、增强民族凝聚力和创造力发挥应有的作用。"[①]

基于这种认识，我们认为语文既是人们交际的工具，更是我国几千年悠久历史文化的载体。我们应引领学生注重对生活、情感更深层次的体验，追寻我国传统文化最核心的内容，探求语文学习最本真的存在，让语文学习真正成为一种对文化本质和生命本质的探寻。

二、学科课程理念

依据《普通高中语文课程标准（2017年版2020年修订）》，结合我校的历史文化和语文学科的实际情况，我们提出的语文学科课程哲学为"寻本语文"，即"立足文化传承之本，以文化滋养生命"。

"本"，在《吕氏春秋》中的解释为"本，根也"，所谓"寻本语文"，就

---

① 中华人民共和国教育部.普通高中语文课程标准（2017年版2020年修订）［S］.北京：人民教育出版社.2020：1.

是寻求语文之本源，回归语文之本真。中国传统文化，绵延上下五千年，是文化之本，是民族之本。教师开展语文教学和学生进行语文学习的过程，就是通过对中华传统文化的追本溯源，让学生认识中华传统文化的厚实与博大，主动吸收民族传统文化精华，继承并弘扬中华优秀传统文化，使得中华优秀传统文化之"本"深深根植于学生的精神土壤中。

在此基础上，我校语文教研组进一步提出"还原语文本色、传承传统文化、提升人文素养"的学科理念，具体学科理念如下：

（一）"寻本语文"是本真的语文

促进人的全面发展是我们教育的终极目标，语文教学尤其体现"以生为本"的教育理念。"寻本语文"以传统文化为载体，以经典诵读为基础，以多元化阅读为内涵，充分尊重学生的个体差异，还原语文本色，通过创设情境、表达感悟、评价互动等教学活动，加强学生在语言文字方面的学习积累，提高学生综合运用语言文字的能力，让学生在文化溯源中感悟到语言文字本身的魅力，收获丰富多彩的语言体验。

（二）"寻本语文"是引领的语文

教育的根本任务是立德树人，教育是让学生在受教育的过程中领悟人生的真义，形成优秀的品格，而语文学科工具性与人文性统一的特点，决定了"寻本语文"是引领学生提升人文素养的课程。通过对中华文化本源的探求和追寻，唤醒学生内心深处对语文学习的渴望，引导学生正视语文在生命旅程中的意义，把整个心灵都投入到对民族文化的热爱与学习中，在探寻文字、文学、文化之本的同时，探索真、善、美的人性之本。

（三）"寻本语文"是传承的语文

中华民族的历史文化传统，蕴含着中华民族传承千年的情感与思想，有着独属于中华民族的精神气韵，是整个民族凝聚力的附着点，也是中华民族绵延不绝的根本动力。"寻本语文"是传承传统文化的课程，它通过真实而动态的课堂，引导学生加强对中国传统文化的学习、鉴赏与体验，感知传统文化的魅力，唤起学生对中华优秀传统文化的热爱和自信，让学生的精神茁壮成长，从而肩负起传承重任。

基于上述课程理念，立足文化传承之本，以文化滋养生命，我校构建了"寻本语文"学科课程群。"寻本语文"遵循语文教学之"本"，凸显学生发展之"本"，关注学生听、说、读、写等能力的全方位培养，融合语文的工具性和人文性，通过打造富有活力和情趣的课堂，让学生在学习语文的过程中，心植文化之本，觅寻优秀传统之根，提升语文学科素养，实现全面发展。

第二节

寻根优秀传统

《普通高中语文课程标准（2017年版2020年修订）》指出："学生通过阅读与鉴赏、表达与交流、梳理与探究等语文学习活动，在语言建构与运用、思维发展与提升、审美鉴赏与创造、文化传承与理解几个方面都获得进一步的发展；坚定文化自信，自觉弘扬社会主义核心价值观，树立积极向上的人生理想，为全面发展和终身发展奠定基础。"[①] 语文课程对继承和弘扬中华民族优秀文化传统，提升民族文化认同感，树立民族文化自信，增强民族凝聚力和创造力，具有不可替代的学科优势。

一、学科课程总体目标

参照《普通高中语文课程标准（2017年版2020年修订）》的整体设计，从"学科核心素养"这一核心概念的"语言建构与运用""思维发展与提升""审美鉴赏与创造""文化传承与理解"四个方面内容出发，结合学校实际情况，我校"寻本语文"学科课程总体目标表述如下：

1. 立足文字之"本"，理解并掌握祖国语言文字的基本运用规律，提升思维品质。"寻本语文"引导学生自觉分析、反思自己的语文学习实践活动，在已经掌握的语言文字材料间建立起全面的联系，在探究中将掌握的语言文字作品置于特定的实际应用和历史文化情境中进行分析和评价，一方面提高对

---

① 中华人民共和国教育部.普通高中语文课程标准（2017年版2020年修订）[S].北京：人民教育出版社.2020：5.

祖国语言文字的运用能力；另一方面发展思维的深刻性和敏捷性，增强思维的批判性和独创性。

2. 立足文学之"本"，增进对祖国传统经典文学作品的美感体验，提高对中华传统文化的认识水平。"寻本语文"在已经学习并积累的祖国传统经典文学作品间建立起有机的联系，在探究中理解并感受传统经典文学作品中折射的独特的美，增强对祖国传统经典文学作品的审美体验，提升对祖国传统经典文学作品及承载的中华传统文化的审美认同。

3. 立足文化之"本"，体会中华文化的博大精深，增强文化自信，承担传承责任。"寻本语文"通过对蕴含于中华文化中的核心思想理念和人文精神的深入领会与探究，增进学生对中华文化的认同感，增强他们的社会责任感和为实现中华民族伟大复兴而奋斗的历史使命感，在自觉学习中实现对中华优秀传统文化的继承和弘扬。

二、学科课程年级目标

在学科课程建设过程中，仅仅知道年级的笼统目标是很难指导课程建设的，我们必须清晰每一个学期以及各单元的具体目标。因此，依据人教版高中语文教材、教参和我校校本课程的要求，我校制定了语文学科课程各年级各学期目标，例如表7-1呈现了必修下语文学科课程目标。

表7-1　必修下语文学科课程目标表

单元＼内容	共 同 要 求	校 本 要 求
第一单元	要在理解文意的基础上，整体把握经典选篇的思想内涵，认识其文化价值，思考其现代意义。初步了解儒家、道家思想的特征，体会相关课文论事说理的技巧和不同的表达风格。阅读史传文，要关注文章叙事曲折有序、写人生动传神的特点，尝试理解评价历史叙述中体现的思想、观念，认识历史人物和历史事件，树立正确的历史观。	1.反复诵读，完成文言基础知识的积累，充分掌握相关的文言典故、文化常识，进一步提高文言阅读能力。 2.学会用比较阅读的方法，理解并感受不同时期、不同学派、不同作家的语言特点和思想内容。 3.尝试用历史唯物主义的观点，品评历史人物和历史事件。
第二单元	通过阅读鉴赏、编排演出等活动深入理解戏剧作品，把握其悲剧意蕴，激发心中的良知与悲悯情怀。要初步认识传统戏曲和现代戏剧的基本特征；欣赏戏剧	1.了解中外戏剧的不同特点，把握人物形象，体会戏剧冲突，明确作品的主旨，从中获得人生感悟。

内容\单元	共 同 要 求	校 本 要 求
第二单元	组织冲突、构思情节、塑造人物的艺术手法，体会戏剧语言的动作性和个性化；理解悲剧作品的风格特征，欣赏作者的独特艺术创造。	2. 尝试编写课本剧，以小组合作的形式参与排练并演出展示。
第三单元	学习知识性读物的阅读方法，发展科学思维，培养科学精神。阅读时要把握关键概念和术语，理清文章思路；分析作者阐释说明、逻辑推理的方法，体会文章语言严谨准确的特点；还要运用所学知识，探究实际问题，形成自己的见解。	1. 梳理文章的论述思路，学习辩证分析问题，提升思维品质。 2. 感受蕴藏于文中的科学精神，激发对科学的热爱。 3. 大胆质疑，能对生活中的科学现象提出自己的见解，结合学习知识性读物掌握的基本技巧，尝试创作学术小论文。
第四单元	了解不同媒介的特点，学习综合运用多种媒介获取信息、表达交流的方法；理解、辨析、评判媒介信息，辨识其立场，多角度分析问题，逐步形成独立判断；还要学会正确面对海量信息，并恰当筛选利用，以提高媒介素养，更好地适应信息时代的生活。	1. 关注社会生活，认识不同媒介的特点，辨析不同媒介的差异及利弊。 2. 学会用辩证的观点分析并辨别海量的媒介信息，尝试用不同媒介展示语文学习的成果。
第五单元	注意知人论世，在人物与社会环境共生、互动的关系中认识人物性格的形成和发展，关注作品的社会批判性。了解作品如何运用多种艺术手法实现创作意图，品味小说在形象、情节、语言等方面的独特魅力，欣赏小说不同的风格类型；学习用读书提要或读书笔记记录自己的阅读感受和见解，尝试小说创作。	1. 进一步理解小说三要素——情节、环境、人物与作品主旨的关系，明确作者创作意图。 2. 在批判性阅读的基础上，对比当下，激发对现实生活的热爱，培养社会责任感和民族自豪感。 3. 仿照感受最深的小说的风格类型，尝试小小说的创作。
第六单元	通读《红楼梦》全书，梳理小说主要情节，理清人物关系，理解和欣赏人物形象，探究人物的精神世界，整体把握小说的思想内容和艺术特点，建构阅读长篇小说的方法和经验。可以从最使自己感动的故事、人物、场景、语言等方面入手，反复阅读品味，获得审美感悟，丰富自己的精神世界。	1. 反复阅读全书，能准确把握小说主要人物的形象特征和人物之间的关系，结合作品创作背景，知人论世，理解并感受作者蕴藏于作品中的深情。 2. 初步掌握中国古典小说的发展历史，用比较阅读的方法，通过横向与纵向的比较，更深层次理解作品的思想内容，明确作品的伟大之处。 3. 批注式阅读全书，并在班级内完成交流分享。

内容 单元	共 同 要 求	校 本 要 求
第七单元	领会作者观点及其现实针对性，把握其解决现实问题的理性思维方式，鉴赏文章的说理艺术，学会在辩证分析与合理推理的基础上进行理性判断，养成大胆质疑、缜密推断的批判性思维习惯。	1. 反复诵读，积累文言基础知识，进一步提高文言阅读能力。 2. 梳理文章的论述思路，明确不同作品的基本表达技巧，学以致用。 3. 用批判性思维品评历史人物和历史事件，培养家国情怀。

　　我校以总体目标为统领，按阶段对年级学期目标进行细化实施，力争对学生在坚定文化自信、寻根优秀传统、自觉弘扬社会主义核心价值观、树立积极向上的人生理想等方面产生促进作用。

第三节

心植文化之本

　　为了实现上述课程目标要求，我校建构了"寻本语文"的课程体系，致力于提高学生的语文学科核心素养，满足学生多元化、个性化的学习需要，努力为学生的终身发展奠定坚实基础。我校"寻本语文"学科课程框架设计如下：

一、学科课程结构

　　依据《普通高中语文课程标准（2017年版2020年修订）》，高中语文学习领域的课程可分为阅读、习作、口语交际、综合性学习四大类。据此，我校"寻本语文"相对应的课程名称分别为"本愿阅读""本心写作""本性表达""本色探究"（见图7-1）。

（一）本愿阅读

　　本愿阅读的内容为传统经典阅读活动。阅读优秀经典作品，尤其是名家名著，旨在引导学生掌握不同的阅读方法，丰富学生语言知识的储备，促进学生良好语感的形成，在品味语言的过程中提高学生的感受能力和理解能力，进而激发阅读兴趣，提升阅读素养。

（二）本心写作

　　本心写作的内容为各类文体的写作指导和优秀作品展示活动。写作是一种重要的表达与交流方式，运用语言文字写作的过程，是洞察世界、领悟社会、认知自我的创造性表述的过程。写作教学能引导学生深入观察并体验生活，准确表达对生活的感受、体验和思考，让学生愿写、乐写、会写，在感

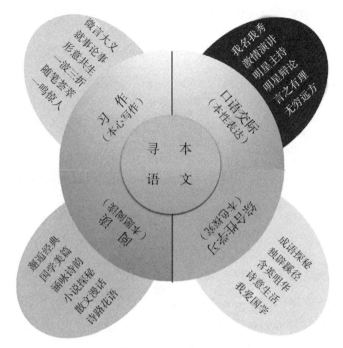

图7-1 合肥市小庙中学语文学科课程结构图

受汉字独特魅力的同时，培养学生深厚的爱国情怀。

（三）本性表达

本性表达的内容为朗诵、演讲、辩论等各类口语表达活动。创设贴近学生认知水平和实际生活状况的真实情境，可以加强老师与学生、学生与学生之间的互动交流，提高学生进行日常人际沟通和社会交流的口语交际能力。

（四）本色探究

本色探究的内容为以语文课程为载体的各类综合实践活动。开展语文学科性质明显的综合性实践活动，让学生关注生活，走向社会，促使学生在活动过程中养成合作共享、拼搏进取等优秀的品质，锻炼并提高他们的人际交往能力，努力培养他们发现问题、分析问题、解决问题的能力。

二、学科课程设置

为确保学生语文素养得到全面的发展，满足学生多元化、个性化的学习需求，结合我校学生学科综合能力普遍较弱的现状，"寻本语文"依托教材，从培养学生的学习兴趣出发进行课程设置，除了开设基础类课程之外，还开设了拓展类课程（见表7-2）。

表7-2　合肥市小庙中学语文学科课程设置表

课程　　学期	阅读（本愿阅读）	习作（本心写作）	口语交际（本性表达）	综合性学习（本色探究）
高一上	诗路花语	一鸣惊人	我名我秀	成语探秘
高一下	散文漫话	随笔荟萃	激情演讲	独辟蹊径
高二上	小说探秘	一波三折	明星主持	含英咀华
高二下	涵咏诗韵	形意共生	明星辩论	诗意生活
高三上	国学美篇	就事论事	言之成理	我爱国学
高三下	邂逅经典	微言大义	无穷远方	知行合一

第四节

以文化滋养生命

依据《普通高中语文课程标准（2017年版2020年修订）》"创设综合性学习情境，开展自主、合作、探究学习"的教学建议和"着眼于核心素养的整体发展""倡导评价主体的多元化""选用恰当的评价方式"的评价建议①，"寻本语文"课程从学生的学习特点与学习需要出发，设计符合不同学段学生心理特点和认知规律的语文教学活动，从打造"寻本课堂"、组织"寻本节日"、开展"寻本之旅"、组建"寻本社团"四个方面推进语文课程的深度实施。我校高一至高三年级全面实施"寻本语文"课程，把课程内容与学生的年龄特点和需求有机结合，在不同的学习阶段，针对学生学习特点，安排了不同的课程，满足学生多元化、个性化学习需求，丰富他们的人生体验，激发他们学习语文的热情，进而提高他们的语文能力和语文素养。

一、构建"寻本课堂"，提升课程实施品质

课堂是教师教学、学生学习的主阵地，我校"寻本课堂"是立足语文教学之根本，全面提升学生语文学科核心素养的课堂。

（一）"寻本课堂"的实施

依据我校"寻本语文"的课程理念和课程目标，"寻本课堂"的实施须遵循"以生为本、多元开放、形神兼美"三个基本要求。

---

① 中华人民共和国教育部.普通高中语文课程标准（2017年版2020年修订）［S］.北京：人民教育出版社，2020：42-46.

1."寻本课堂"是以生为本的课堂。"以人为本"是孔子教育思想中最核心的理念，体现在如今语文教学中就是以生为本，把学生放在语文学习的中心，面向全体学生，因材施教，注重每一位学生的成长。"寻本课堂"以促进学生的发展为目标，引导学生采用"自主、合作、探究"的学习方式，促使学生主动自觉地进入丰富多彩的语文世界，感受语文的独特魅力，享受语文学习带来的乐趣。

2."寻本课堂"是多元开放的课堂。教师立足课堂教学，在加强对学情的关注中做到生本相依，促使学生学有所长。"寻本课堂"让学生置身于多元开放的环境中，引导学生自由发散、大胆质疑、群学优化。师生在课堂中激荡思维、教学相长，从而使学生的语文能力得到不断提高，文化品格得以成长，最终促成学生的全面发展。

3."寻本课堂"是形神兼美的课堂。"形"是"寻本课堂"的形式，即文本本身的语言文字之美；"神"是"寻本课堂"的内容，即文本呈现出的包含了情感与思想的精神内涵之美。教师通过和学生共同完成对文本"形美"的赏析语文实践活动，引导学生开启与文本的情感互动，逐渐走进对文本内容深处"神美"的感悟，实现对文本从形美感受到神美感悟的转换，最终把对语言文字"形美"的学习和感受与"神美"的体会和感悟融合为一体，把人文熏陶蕴藏于语文实践活动中，实现"寻本课堂"的形神兼美。

（二）"寻本课堂"的评价

"寻本课堂"的评价，强调以生为本，以学科核心素养为基准，加强过程性评价，把过程性评价和终结性评价结合起来，从重视学习的自主性（合格）、重视课堂的多元性（良好）、重视教学的发展性（优秀）三个层级上予以评价。

1.合格：重视学习的自主性。"寻本课堂"要培养学生的学习兴趣和提高学生的学习能力。合格的"寻本课堂"，教师要想方设法引导学生通过合作、讨论、探究的自主学习方式，调动学生主动学习的积极性，让学生对学习产生浓厚的兴趣，并长期保持旺盛的求知欲望，在与他人的合作、交流和探究中感受快乐，健康成长。教师在引导学生积极参与课堂教学的过程中，应主动挖掘学生身上的闪光点，适时给予恰当且富有激励性的表扬和肯定；学生犯错误时，教师在批评指正的同时，也要更多地加强鼓励和引导，帮助学生树立自信心，促使学生产生主动学习的意愿。

2. 良好：重视课堂的多元性。良好的"寻本课堂"，应该是多元的课堂。教师必须能精准把握课程标准，在充分了解和尊重学生个体差异的基础上，根据不同学生的学习能力制定不同层级的学习目标，每个学生都能在课堂上实现个性化学习目标，收获自信，激发对学习的热爱。多元的语文课堂，教师要依据学生情况和文本的实际内容，设立恰当的环节，将学生带入到教师创设的情境中，积极调动学生的情感，引领学生体验情境中所蕴含的情绪，完成基于文本的教与学的互动。由于不同学生在知识积累和能力层次上存在差异性，因此在互动过程中表现出来的参与程度也存在较大的不同，教师要时刻关注，随时作出必要的调整，努力创设学生积极主动参与课堂研讨的教学环境，满足不同的互动需求。

3. 优秀：重视教学的发展性。《普通高中语文课程标准（2017年版2020年修订）》中明确提出，语文学习要"以自主、合作、探究性学习为主要学习方式，凸显学生学习语文的根本途径"①。基于这种要求，优秀的"寻本课堂"还应该是发展的课堂，对知识进行深入探讨、研究、挖掘的课堂。教学的发展性要求教师的教学方式必须是深度有效的，要让学生完成从传承知识、消费知识到创造知识的转变。评价"寻本课堂"是否达到发展性教学的状态，就是要看课堂教学中，教师是否抓住了重点问题，从文本出发，而又不局限于文本，引导学生深入分析、细致探究，发现超出文本之外的更深刻的内涵。这就要求在具体的课堂教学中，教师的课堂设计和问题设计要做到精当而准确，要给予学生足够的积极思考、发散思维、发展自我、深入探究的时间和空间，从而引导学生在阅读过程中投入得更多、更深，由此达到深度学习的状态。

二、开展"寻本语文节"，感受语文快乐

为落实"寻本语文"课程目标，我校每学年举办"寻本语文节"。"寻本语文节"是面向全体学生积极开展的具有传统文化特色的语文学科节日实践

---

① 中华人民共和国教育部.普通高中语文课程标准（2017年版2020年修订）［S］.北京：人民教育出版社，2020：42.

活动，目的是促使学生在丰富多彩的综合实践活动中增强学习语文的能力，提高对传统文化的认识，亲近我国的优秀传统文化。

（一）"寻本语文节"的实施

我们将语文教学和学生的生活实际结合起来，以一系列丰富多彩的语文实践活动为载体，让学生感受到"语文即生活，生活即语文"，体验语文学习的快乐，了解语文、爱上语文。活动按主题有序进行，如"同诵一首诗"诵读活动、"让青春染书香"读书征文比赛、"我和我的祖国"主题演讲比赛等。

1. "同诵一首诗"诵读活动。诗歌是人类心灵的歌唱，中国是诗的国度，一首首脍炙人口的诗歌，寄托的是前人的思想与情怀。"同诵一首诗"诵读活动，主要利用每周大课间活动之后的5分钟集合时间，全体师生共同诵读同一首诗，内容或山水田园，或大漠边疆，或金戈铁马，或绮思绵绵，风格时而清丽婉约，时而豪迈奔放，让师生思接千载，情牵八荒。整个过程由语文教研组教师指导，学生会监督，按照准确性、齐整性等相应的评价标准，以班级为单位进行打分，并于当天张贴公示。诵读活动的进行，进一步激发了学生诵读诗歌的热情，在打造诗香校园、文化校园的同时，让诗性于潜移默化中流淌进学生心间，使学生的文学素养进一步得到提高。

2. "让青春染书香"读书征文比赛。"书籍是人类进步的阶梯"，我们提倡学生要有广泛而有深度的持续性阅读，每个学期语文组都会给学生推出学期读书计划，并附有推荐书目。为了更好地引导学生多读书、读好书，营造良好的校园阅读氛围，每年的4、5月份我校都会举办校内的"让青春染书香"读书征文比赛活动。活动以"让青春染书香"为主题，面向全体学生征集个人读书的心得和体会，一方面为每年秋季的省市级校园读书活动筛选、推送优秀的学生作品；另一方面也进一步激发学生的阅读兴趣，培养学生爱读书的良好行为习惯，提升学生的文化素养。

3. "我和我的祖国"主题演讲比赛。国为民之本，有国才有家。在立德树人这个根本任务的大前提下，引导学生了解我们的国家，了解我们民族的文化，增强他们的民族自豪感和使命感，是语文教学活动中不可或缺的重要环节。每年国庆前夕，我们定期开展"我和我的祖国"主题演讲比赛活动。活动由语文教研组牵头，依托学校德育文化活动平台，联合政教处、校团委、心湖文学社共同举办。活动面向学校所有学生，以班级为单位，各班级分别选拔一名选手参赛，依据"仪表形象""演讲内容""语言艺术"三个大项和十个子赋分项的评分内容，聘请专业评委参与打分与赛事评价，最后评出一、二、三等奖。这样的活动学生参与面广、参与热情高，既提高了他们的思想认识，又锻炼了他们的思辨能力、语言组织能力和临场反应能力。

（二）"寻本语文节"的评价

1. 赛事性评价。比赛是促进自主学习的一股强大力量。对于中学生来说，学生参与诸如主题演讲、经典诵读、读书征文等校园比赛，能让学生加深对我国优秀传统文化的理解和热爱，是一种很好的课程实施和评价方式。举例来说，我校每年"五四"期间举办的"让青春染书香"读书征文比赛，就是以班级为单位，先年级内角逐，再进行年级间的总决赛并加以展示。评判组设有学生评委、教师评委和家长评委等，按照事先拟定的比赛规则和评分标准，评委进行打分评价，最后评出一、二、三等奖以及最佳组织奖等。

2. 量表式评价。在活动中，我们综合学生各方面的表现，评选出校内"寻本之星"，评价表如下（见表7-3）。

表7-3 合肥市小庙中学语文学科"寻本之星"评价表

姓名		班级		学号	
评价内容		评 价 结 果			
文明礼仪					
投入程度					
实践能力					
创新能力					
团队意识					

（备注：每项优——20分　良——15分　中——10分　满分：100分）

三、探寻"寻本之旅"，寻找语文真谛

语文，是来源于生活的学科。作为常规教育教学的有益补充，"寻本之旅"依托研学游等活动，通过加强与自然和人文景观的接触，让学生走出校园，走进生活，发现并学习生活中的语文，从而提高学生的语文综合素养。

（一）"寻本之旅"的实施

除正常的校内教学活动之外，我校经常性地组织学生走出校门，有目的

地开展"寻本之旅"研学活动。通过参观访问、调查体验、集体互助、文字总结等多种形式相结合的研学活动，引导学生在游中学、学中研、研中思、思中行，研学并举，感受祖国优秀传统文化。如2017年的"亲近自然，领略荆楚文化"武汉三日研学游，2019年"走近白墙黛瓦，领略徽州文化"的黄山之行研学游等活动，均取得了良好的效果。"寻本之旅"的实施，有助于拓宽学生学习语文的途径，提高学生学习语文的兴趣，增强学生的公德意识、安全意识、合作意识和规则意识，极大提高学生的语文综合能力和综合素养。

（二）"寻本之旅"的评价

在研学活动中，根据学生的具体表现，我校制定了以下评价标准（见表7-4）。

表7-4 合肥市小庙中学语文学科"寻本之旅"研学评价表

评价内容	评价标准	评价结果		
		自评	互评	师评
积极参与（20分）	遵守时间节点要求，不无故缺勤。（10分）			
	服从团队管理，听从老师、导游指挥，文明出行。（10分）			
内容生动（20分）	能够结合语文学科知识，丰富学生的直接和间接经验。（10分）			
	包含旅行常识、人生智慧等元素，文化内涵丰富，符合学生个性发展要求。（10分）			
方法得当（20分）	依托教材、网络等资源，查阅资料，提前了解目的地的文化特色，学习准备充足。（10分）			
	团队集体活动，组员积极协作，组内积极交流。（10分）			
过程精彩（20分）	认真听讲，及时记录，有旺盛的求知欲与好奇心，努力完成自己承担的学习任务。（10分）			
	积极营造和谐的团队氛围，组员合作学习，积极与他人交流分享。（10分）			
成果突出（20分）	学习成果呈现准确、生动、深刻，有明确的文化传承意识。（10分）			
	通过图片展示、书面感悟、口头表达等多种形式记录研学收获，学习成果呈现形式丰富多样。（10分）			

（备注：每项优——10分 良——7分 中——5分 满分：100分）

四、组建"寻本社团",品味语文色彩

在现代学校建设中,组建学生社团是践行新课程理念、实施素质教育的重要途径。我校"寻本社团"是依托学校德育文化建设平台,通过组织相应的语文学科文化活动,充分挖掘校园文化资源,全面提升学生语文综合能力的学生社团组织。

(一)"寻本社团"的实施

"寻本社团"让学生在熟悉的生活情境中参加校园寻本文化活动,在展示才华的舞台上,展现最真实、最全面的立体形象,从而形成社团品牌的吸附效应。我校开设有心湖文学社、心湖广播站、"星空"剧社等社团。这些寻本社团文化活动的开展让学生的身心得到全面发展,学生的综合素养、综合能力大大提高,他们自身的潜力也被最大可能地挖掘了出来。

1. 心湖文学社。我校坐落在风景优美的心湖公园旁,六十多年的建校史,使我校形成了丰厚的历史文化底蕴。为了丰富学生的课余生活,打造书香校园,我们充分挖掘现有的资源,成立了心湖文学社。心湖文学社成立伊始,我们就有意识地融合了写作指导、文学讲座、文学欣赏、阅读交流、文化旅游、征文比赛、课本剧表演等活动。在活动开展过程中,不断激发学生的阅读兴趣,培养学生的文学素养,提高学生的语文能力,使学生在学习、创作、交流中不断成长。丰富的社团活动不仅促进了新的语文教育理念的形成,还能够进入到人文教育中生命教育、人格培养等较深的层次。

2. 心湖广播站。心湖广播站利用每天中午和傍晚放学的时间,采用配乐诵读的形式,或是讲述一个生动活泼的故事,或是分析一段意味深长的哲理,或是吟诵一篇语言优美的诗文,用心观照,积极引导,在潜移默化中使广播成为一种追逐生活梦想、关怀人性价值的实践活动和生活力量。学生在交流、阅读中感受广播带来的叠加效应,校园文化生活得以不断丰富,学生在实践中体验语文的风采。

3."星空"剧社。"星空"剧社成立于2018年4月,取名来源于我校1988届校友会"既要脚踏实地,更要仰望星空"的诫勉。剧社成立以来,本着繁荣校园文化的初衷,在学校各个部门的大力支持下,开拓进取,由默默无闻到逐渐有了一定的基础,在2019年合肥市普通高中心理剧大赛中,我校参赛

剧目《奔跑吧，少年》荣获最高奖项一等奖。社团成员和负责老师自主搜集素材，自主创作，编写剧本，自导自演。在平时的活动开展中，剧社强调艺术表现形式的多样性，以舞台剧、音乐剧、广播剧等多种形式来展现我校学生的学习、生活和精神面貌，不断丰富和发展校园文化。

（二）"寻本社团"的评价

1. 综合性评价。学期末，根据学生整个学期参与社团活动各方面的综合表现，如上课的积极性、上交的作品数量、完成指定任务的情况等，将日常评价和期末考查结合起来，对学生进行综合评价。日常评价是教师根据学生在平时社团活动中的表现情况填写课堂表现记录表，根据学生上交及发表作品、搜集资料、学习任务完成等情况，给出平时成绩。期末考查采用征文比赛、诗文朗诵、课本剧表演等评价方式，得出期末成绩。既有过程性评价，又有终极性评价，这样能充分调动学生参与的积极性和主动性，让学生在参与中体验快乐、收获成功。

2. 差异性评价。差异性评价是基于"以生为本"的教育理念，充分尊重学生的个性发展，对学生发展差异性理解的评价模式。这种评价模式存在三个显著特征，一是有不同的评价主体参与评价，二是重视学生发展中的个体差异，三是借助手段的多样性。通过差异性评价，旨在建立尊重个体差异的理解型的师生关系，提升教师和学生在教与学过程中的相互认同感，从而达到教学相长的效果。如我校心湖文学社就采用差异性评价，把心湖文学社成员分为诗歌组、散文组、小说组、戏剧组等不同的组别。在对学生开展评价活动时，对各个组的题材特点、学生特点进行充分的调研，通过设计不同组别的评价表和评价手册，促使评价方式合理而高效。

3. 量表式评价。除了对参与社团活动的学生予以评价之外，我们还按照相应的评价标准对所有社团定期或不定期开展评价，具体要求如下（见表7-5）。

表7-5　合肥市小庙中学语文学科"寻本社团"评价表

评估内容	评 估 标 准	评估方式	得　分	
			自评	校评
课程规划（30分）	社团组织机构规范而健全，活动场所相对固定。有固定的社团指导教师，能够就社团建设对学生加强指导。（15分）	访谈学生查阅资料		

评估内容	评 估 标 准	评估方式	得　分	
			自评	校评
课程规划（30分）	社团有章程，管理制度明确，前有计划后有总结。工作计划有明确任务，有突出重点，有得力措施。工作总结全面具体。（15分）	访谈学生查阅资料		
课程实施（40分）	社团活动常态化，有规范性，开展活动有计划、有总结。每学期举办活动不少于10次，过程性资料整理详细充实。（20分）	查阅资料访谈学生		
	社团每学年至少进行1次校内交流展示。（20分）	查阅资料		
课程评价（30分）	有常态化招收社员的方案与制度，依据社团发展情况，适时招收社员。社团成员至少10人及以上，每学年对团员综合评定不少于一次。（15分）	访谈学生查阅资料		
	积极参加本社团组织的各项活动，并积极参加各级比赛，取得荣誉表彰。（15分）	访谈学生查阅资料		

　　总之，"寻本语文"是传承中国传统文化的课程，是我们语文教研组全体教师共同的教学理想和教学追求。我们将在"寻本语文"课程理念和课程目标的指引下，认真实施，精益求精，努力完善每一门课程。在"寻本语文"的旗帜下，带领学生尽情品味语文的魅力，努力唤醒流淌在学生血脉中的民族文化基因，在他们的心灵深处建构起牢不可破的民族文化情怀。

（撰稿人：王磊　康玉玲　余良　孙健）

第八章

世界是多彩的，不同的色彩被赋予不同的含义。文学的世界里同样以语言为画笔，饱蘸作者的情感色彩，绘制出一幅幅意蕴丰富、斑斓多姿的画卷。其中有《千里江山图》般的壮阔，有《蒙娜丽莎》似的神秘；有时写意畅快，有时工笔细琢。在学习语文的过程中，慢慢找到属于你的人生色彩，使之丰富而烂漫。这，便是语文之多彩……

语文与审美：
书写语文的多彩

　　"审美"是审美主体与审美对象间的一种互动，是一种理解性行为。人生来对于客观事物就有感受体验的能力，并在这一过程中逐渐产生熏陶、滋养后的顿悟，从而形成每个人所独有的审美能力。新课标明确了语文课程的性质是工具性与人文性的结合，而审美正是语文学科人文性的体现。语文课程的核心价值与内涵在其人文性上，不论何种体裁的文本都蕴含着作者独有的人文精神。语文的审美教育是教师、学生、文本三者共同参与、彼此对话的动态过程。语文与审美应从尊重学生为学习主体出发，寻求师生合作的教学方式，共同构建合作探究的教学氛围，发掘语文学习材料的审美因素，在教学的各个环节和内容中均注意体现审美意识，致力于在语文学习的耳濡目染中发展学生的审美感知力和审美理解力。

　　"多彩语文"课程主张使用审美化教学，教学中强调语文课程的人文特性。审美化教学注重分析文本中的场景描述，帮助学生理解文章的意境美。语文课本中的绝大多数文章皆为名家名篇，其中不乏极具画面感的文字，解析文章是对场景描述的深入分析，有利于增强学生对文章内涵的理解与认识，进而感悟文章的意境美，达到审美教育的目标。审美化教学注重帮助学生体悟语文材料的内涵美。语言文字的使用往往剥离不了其文字背景，因其恰是培养学生形成良好情感态度认知，形成正确审美感知力和理解力的沃土。语文教材中的大多数文学作品，都脱离不了作者在创作时自身的思维认知理念与情感态度价值观。学生阅读的过程实际上就是深入了解作者写作思想和情感的过程。帮助学生体悟语文材料的内涵美，就是帮助学生将这种深入了解转化为"美的表达与创造"的过程。审美化教学还注重激发学生的想象力，创造极具个性化的时空美。"多彩语文"课程中的古诗文和散文的教学，侧重激发学生运用想象力来深刻地体悟文字的美感。教师通过精心设计的引导性问题或教学素材，给予学生联想与想象的起点和"脚手架"，帮助学生建立自身生活体验与文章内容之间的思维桥梁，充分调动学生过去所学知识或所经历的情感体验，以想象力摆脱时空的束缚，打破思维的局限，形成专属于不同学生的个性化时空美，让抽象枯燥的文本文字得到升华，达到提高学生审美素养、培养学生审美能力的目标。

多彩语文：让学生的眼睛亮起来

合肥市五十中学东校语文学科教研组，现有44人，有多人次在国家、省、市、区各级优课和优质课评比、基本功大赛、现场教学大赛中斩获大奖。师资队伍优良，业务能力过硬。我校周边有多所高校院所，庠序林立，校本资源丰富。现依据教育部《关于全面深化课程改革落实立德树人根本任务的意见》《义务教育语文课程标准（2011年版）》等文件精神，围绕语文学科语言建构与运用、思维发展与提升、审美鉴赏与创造、文化传承与理解等核心素养，结合我校"大爱于心、致真于行"的办学理念，我们以国家课程为基础，着力进行课程建设。2016年9月初步实现课程建设体系化，我校不断探索总结，逐步构建起完整的"多彩语文"课程体系。

让色彩折射世界的丰富

一、学科价值观

语文课程是国人学习汉语言文字运用的综合性、实践性课程，人文性与工具性的统一是其基本特征。

基于上述认识，我们以"多彩语文"为平台，引导学生在真实而多样的语言运用情境中、丰富多彩的语言实践活动中，积累言语经验，把握祖国语言文字的特点和运用规律，加深对祖国语言文字的理解与热爱，培养运用祖国语言文字的能力；同时，发展思辨能力，提升思维品质，培育社会主义核心价值观，培养高雅的审美情趣，积累丰厚的文化底蕴。

义务教育阶段的语文课程，是丰富的、多样的，是适应学生个性化成长需求的。学生个性和爱好的多样性决定了未来教育的特点应该是多元开放的，课程内容的设置也应该是丰富多彩的，以满足不同学生的学习需求。

二、学科课程理念

依据《义务教育语文课程标准（2011年版）》精神，我校结合语文学科实际情况，确定我校语文学科的核心概念为"多彩语文"，即力求用丰富多彩的语文课程让学生的眼睛亮起来。

"多彩语文"就是设置丰富多彩的语文课程，通过选课制和积分制，让学生在乐学中认识中华文化的丰厚和博大，个性化地吸收民族文化的智慧，进而陶冶情操，提高语文核心素养。

绿色语文：引领学生走进自然，近距离接触名胜古迹和文化遗产，用文字记录历史，用心灵感悟自然。在言语实践中建构语言运用机制，提升学生语文素养，让学生的心灵被青春、优雅与平和的气质所充盈。如我们开展的茶艺课，让学生在茶艺文化中获取知识，陶冶性情，培养优雅气质。

橙色语文：引领学生走进传统节日，探寻节日的来源和纪念活动的意义。通过探寻传统节日等语文实践活动，培养学生的直觉思维、形象思维、逻辑思维、辩证思维和创造思维，进而让学生的心灵浸润温暖、光明和快乐的情感。如我们端午节开展的"走近端午"活动，让学生在活动中体会传统节日中的文化知识。

蓝色语文：引领学生走进经典、学习经典，感悟中华传统文化的魅力，培养学生的语文情趣。如我们开设的"经典诵读""说文解字""音韵学"等校本课程，让学生在吟诵经典中丰富知识，体验祖国灿烂的文化。

红色语文："读万卷书，行万里路。"通过红色基因教育和游览革命圣地，学生在红色文化的情境中学习语文，陶冶情操，拓展文化视野，进而让学生拥有健康、热情和积极向上的心灵。如我们每周一次升国旗仪式上的演讲，带领学生开展的"红色之旅"等，凭吊革命圣地，缅怀先烈，培育学生的家国情怀。

总之，语文课程是多姿多彩的，应充分利用不同资源搭建不同课程，以彰显语文的多彩价值。基于上述课程理念和追求——让语文的丰富性照亮学生的眼睛，我校构建实施"多彩语文"学科课程群。

绽放属于你的绚烂

语文课程着力于学生语言文字能力的培养、综合素养的提升，为学生的全面发展和终身发展打下基础。

一、语文学科课程的总目标

从语文学科的核心素养"语言建构与运用""思维发展与提升""审美鉴赏与创造""文化传承与理解"四个方面出发，结合"自然风光、文化遗产、风俗民情、方言土语，国内外的重要事件，日常生活的话题等也都可以成为语文课程资源"[①]的理念，我们设置了语文学科课程总目标：

1. 在语文学习过程中培养爱国主义情感、社会主义思想道德和健康的审美情趣，发展个性，培养合作精神，逐步形成积极的人生态度和正确的价值观。

2. 认识中华文化的丰厚博大，汲取民族文化智慧。关心当代文化生活，尊重文化多样性，吸收人类优秀文化的营养，提高文化品位。

3. 培植热爱祖国语言文字的情感，增强学习语文的自信心，养成良好的语文学习习惯，初步掌握学习语文的基本方法。

4. 在发展语言能力的同时，发展思维能力，激发想象力和创造潜能。学习科学的思想方法，逐步养成实事求是、崇尚真知的科学态度。

---

① 中华人民共和国教育部.义务教育语文课程标准（2011年版）[S].北京：北京师范大学出版社，2012：34.

5. 利用身边的语文资源，主动进行探究性学习，在实践中学习、运用语文。

6. 能够独立阅读，学会使用各种阅读方法。有丰富的语言积累和良好的语感，注重情感体验，发展感觉和理解能力。可以阅读日常书籍、报纸和杂志，欣赏文学作品，丰富自我的内在精神。

具体而言，我校的语文课程目标如下：

审美目标。通过"书法""篆刻""唐宋散文赏析""中外小说鉴赏"等课程，感受传统文化的魅力，感受汉字的建构美和散文小说的语言之美、思想之美、艺术之美，在练习和鉴赏中注重积累、感悟和运用，夯实基础，拓展知识面，丰富素养，提高文学作品的鉴赏能力，陶冶情操，提高自己的欣赏品位。

思想价值目标。通过"国旗下演讲""辩出真我风采""课本剧表演""寻找身边的文化遗产"等课程，加深对祖国历史文化的理解，增强民族自豪感和爱国情怀，通过语文活动将科学精神和人文精神结合起来，陶冶情操，砥砺道德，摆脱庸俗，提高境界，提升文化品位。

二、学科课程年段目标

"多彩语文"学科课程的建设，不仅需要年级总目标的指导，还必须明确每学期和每单元的具体目标。鉴于此，依托课程标准的指导，通过梳理课本中各单元课程目标，我校科学设置了不同学段的学段目标，例如表8-1呈现了九年级上学期语文学科课程目标。

表8-1 九年级上学期语文课程目标

课程目标 单元	共 同 要 求	校 本 要 求
第一单元	1. 涵泳品味，把握诗歌意蕴，体会诗歌的艺术魅力。 2. 朗诵时，注意重音、停连、节奏等，把握诗歌的感情基调，读出感情，读出韵律。 3. 尝试写一首小诗，抒发自己的感情，注意句式和节奏。	1. 了解中国诗歌发展的历史。 2. 鉴赏不同时期诗歌的不同特点。 3. 在品味祖国诗歌美的过程中培养学生的文化自信。

课程目标 单元	共 同 要 求	校 本 要 求
第二单元	1. 了解议论性文章的特点。 2. 把握作者的观点，区分观点和材料。 3. 理清论证的思路，学习论证的方法。	1. 了解议论文的常识，具备写作简单议论文的能力。 2. 在议论文的鉴赏和写作中，培养学生关心社会热点和分析问题的思维能力。
第三单元	1. 积累、掌握课文中的文言实词和名言警句。 2. 体会文言虚词在关联文意、传达语气等方面的作用。 3. 体会古人寄托于山水名胜中的思想感情，感受他们的忧乐情怀。	1. 通过课内文言实词和虚词知识的积累，学生能逐步读懂课外古文。 2. 拓展学生古代汉语和古代文学知识，如开展"说文解字""音韵学"讲座等。
第四单元	1. 学会梳理小说情节。 2. 试着从不同角度分析人物形象。 3. 结合自己的生活体验，理解小说的主题。	1. 通过开展小说鉴赏课，来提高学生的阅读习惯和文学素养。 2. 构建从阅读走向写作的桥梁，丰富学生写作知识的积累，提高学生的写作水平。
第五单元	1. 联系文章的时代背景，把握作者的观点。 2. 分析议论性文章所用的材料，理解观点和材料之间的联系，掌握论证的方法。 3. 联系实际进行质疑探究，养成独立思考的习惯。	1. 加大议论性文章的阅读量，具备写规范议论文的能力。 2. 在阅读和写作中，培养学生思考问题的深度和广度，进而形成良好的思维品质。
第六单元	1. 抓住小说的主要线索，梳理故事情节。 2. 把握人物形象，探讨其性格形成的原因。 3. 结合具体描写，了解古代白话小说的艺术特点。	1. 每周至少开展一次课外阅读课，为学生的课外阅读提供平台。 2. 采用不同的阅读方法来丰富学生的阅读体验和鉴赏水平。 3. 开展专家讲座，拓宽学生的阅读视野。

　　"多彩语文"课程以兴趣引领学生成长，力求用丰富多彩的语文课程让学生的眼睛亮起来，同时，让学生个性化地吸收民族文化的智慧，进而达到陶冶其情操、提高其语文核心素养的目的。

第三节

调和不一样的色彩

我校"多彩语文"课程依托于学校"大爱课程"体系，构建了"1+X"语文课程群框架。"1"指的是基础课程，主要是为学生进一步的学习奠定重要的基础；"X"是依托基础课程的学科特点，以及学生多元成长的需求，延伸开发的拓展课程，学生在动手实践、自主探索与合作交流的学习过程中，培养应用意识和创新意识。基础课程和拓展课程都实行固定班级教学模式。

一、"多彩语文"拓展课程的开发依据

根据国家教育政策，我校基础课程主要采用国家统编教材作为教学媒介，全面有效地实施国家课程。拓展课程是根据《义务教育阶段语文课程标准（2011年版）》、初中生年龄发展特点和我校教育目标自主开发的。

二、"多彩语文"拓展课程设置的结构

图8-1中，各版块课程内容如下：

绿色语文。通过开展社团课、旅行课堂和外出采风等活动，丰富学生的学习途径。如茶艺课，让学生真切感受到传统文化的魅力，传承古文化，培养学生高雅的情操。

橙色语文。利用中华民族的传统节日、纪念日活动和五十中学东校的传统活动，开展丰富多彩的社团课，让社团课与学生的实际生活紧密联系起来。如我们开展的辩论活动、课本剧表演等，曾多次为学校争得荣誉，不仅丰富了学生的语文知识，还提高了学生的语文素养和语言思维能力。

图8-1 "多彩语文"拓展课程设置的结构图

蓝色语文。外请专家开设"音韵学""说文解字""唐宋散文鉴赏"和"中外小说鉴赏"等讲座，拓展了学生语文学习的视野。书法社团课、篆刻社团课让学生在快乐学习中丰富了古代文化知识。

红色语文。每周一次的升旗仪式，有学生国旗下演讲的环节，一周一主题，紧跟时代的脚步。需要发言的学生提前写好演讲稿，升旗仪式之后还要写新闻稿，这些既锻炼了学生的演讲口才，也提升了学生的语文写作水平。

三、"多彩语文"拓展课程的设置

"多彩语文"课程依据《义务教育语文课程标准（2011年版）》，紧扣语文课程目标，结合学校实际情况，设置了"多彩语文"拓展课程（见表8-2）。

表8-2 "多彩语文"拓展课程设置表

学段	课程类别	课程名称	课　程　内　容
七年级上	红色语文	国旗下演讲	主题发言
		红色之旅	参观、研学
	蓝色语文	书法	学习毛笔书法的技能
		篆刻	了解篆刻的发展史，初步掌握一些篆刻的技能

学段	课程类别	课程名称	课 程 内 容
七年级上	蓝色语文	经典诵读	内容包括《论语》《弟子规》《唐诗三百首》等作品
		音韵学	赏析诗词音韵之美
		说文解字	了解文字的内涵与演变
七年级下	绿色语文	茶香·茶道	学习茶艺，了解中国茶文化
		旅行课堂	组织学生到北京、西安、神农架等地开展研学旅行
		文学采风	走进科技馆、博物馆、厂矿、车间等
	橙色语文	传统节日	开展"走近端午"活动，进行爱国主义、文化自信教育
		纪念节日	国庆节向国旗敬礼
		学校节日	开学典礼、校园文化艺术节
		寻美之行	寻找身边最美小区名或门店名
八年级上	蓝色语文	书法	学习硬笔书法的技能
		唐宋散文赏析	鉴赏唐宋散文的文学内涵和时代意义
八年级下	绿色语文	旅行课堂	组织学生到新加坡、英国、美国等地开展国际交流活动
		文学采风	组织学生到科学岛、紫蓬山和巢湖等地开展采风活动
	橙色语文	辩出真我风采	培养学生思辨能力
		传统节日	中秋节进行诗歌朗诵
		纪念节日	国庆节向国旗敬礼
		学校节日	开学典礼、校园文化艺术节
九年级上	蓝色语文	中外小说鉴赏	中国的"四大名著"、《简爱》等
	绿色语文	寻找身边的文化遗产	探访三国遗址，提升文化自信
九年级下	橙色语文	课本剧表演	了解戏剧常识和舞台表演艺术
		学校节日	毕业典礼
		我们的初中生活	制作一本班史，为三年的初中生活留下一份永久的纪念

第四节

绘制人生的多彩卷轴

一、构建"多彩课堂"，让教学生长

（一）"多彩课堂"要素

1. 创设情境，激发兴趣。情境教学法的核心是激发学生的情感。情境教学只有在进一步提炼和加工社会、生活之后，才会影响学生。如榜样、生动的语言描述、课堂游戏、角色扮演、朗诵、体操、音乐等，都是在特定的形象情境中结合教学内容，自然而然地达到了潜移默化的濡染作用。

2. 互动对话，积极质疑。教学原本是一种沟通，没有沟通就没有教学。而沟通就是教师与学生、学生与学生在课堂上的对话、质疑与交流等活动。

3. 展示研讨，智慧分享。针对疑难问题展开研讨是解决问题的好方式，学生在探讨过程中，能够积极思考，互相启发，取长补短，达到训练口头表达能力的目的。教师在辅导学生研讨时要充分发扬民主，方式可灵活多样，如问答式、讨论式、选择重点发言人和辩论会等。此外，展开讨论要收放有度，教师是参与者和引领者。

4. 拓展延伸，共同成长。拓展性阅读是对课内教材的补充和延伸，可以根据教学的需要，安排在不同的时段。为此，教师可从课前拓展性阅读、课中拓展性阅读、课后拓展性阅读三个维度来具体操作。

（二）"多彩课堂"评价标准

"多彩课堂"以语文课程目标的整体性和综合性为基点，从全面考查学生的语文素养和能力角度出发，特制定了"多彩课堂"评价标准量表（见表8-3）。

表8-3 "多彩课堂"评价标准量表

评价项目	评 价 要 点	优秀	良好	合格	不合格
教学目标	1. 目的明确,能针对学科特点和学生实际,确定具体可行的要求。 2. 关注学生多元发展,兼顾学生个体差异性。				
教学内容	1. 准确把握教材重点、难点,教授内容准确、科学。 2. 关注学生学习经验和认知水平,做到传播真知。 3. 在深刻理解教材的基础上采用创新性与实践性的教法,设计出有新意的教案。				
教学过程	课堂: 教师注重让学生进行多边、多向的自主交流。注重培养学生倾听和勇于表达感受的习惯。 学生: 1. 学习积极性高,求知欲强,有竞争合作意识。 2. 为解决问题能主动搜集信息、整理信息,制定简单的策略。 3. 主动参与实践、运用多种感官参与学习。 教师: 1. 创设有益于学生个性发展的学习环境,关注、尊重学生的情感体悟。 2. 关注培养学生独立探究、独立分析、协同合作等能力,让学生在实践中理解知识和掌握技能。 3. 设计探究性和操作性强的问题或活动来培养学生的创新意识、创造性思维或辩证思维。				
教学效果	1. 教师完成教学目标,学生对课堂有积极的评价或反馈。 2. 不同层次的学生均有不同的收获,普遍拥有主动学习的热情。 3. 学生的兴趣、态度、意志、合作、分享等非智力因素得到开发和发展。				
总 评					

二、建设"多彩"课程,让素养提升

(一)组建"多彩语文"课程群

1. 基础课程:识字与写字课、阅读课、写作课、口语交际课和综合性学习课等。

2. 拓展课程："红色语文""蓝色语文""绿色语文""橙色语文"等。

（二）评价要求

评价内容：关注过程性评价，主要依据授课教师的记录数据，包括学生课堂表现、任务完成情况、参与热情、团队合作意识、能力锻炼、学习体会及测试等。

评价目标：进一步扩展或提高某些方面的知识或技能；爱好和潜力得到进一步发展和开发；学会选择和决策，可以根据自己的基础、爱好和社会发展需要选择拓展的内容和方向；提高综合实践能力；自学能力、合作能力、批判性思维能力、发现问题、分析问题、解决问题的能力得到增强；勇于探索、积极创新、自觉学习和进取精神得到培养。

评价方式：自评、师评、互评、家长评价四个方面。

（1）自我评价：教师确立评价项目和评价方法（或由教师给学生提供多种评价项目和方法，供学生选择，或完全由学生自己确立评价的项目和评价的方法），学生进行自我评价。

（2）教师评价：教师通过观察、学习过程中的情况记录，以及多种形式的作业、作品等对学生进行评价。

（3）相互评价：借助评价量表进行生生互评。

（4）家长评价：学生家长参与评价。

为全面评估"多彩语文"课程实施效果，帮助教师把握课堂方向，我们制定了"多彩语文"课堂评价量表（见表8-4）。

表8-4 "多彩语文"课堂评价量表

评价内容	评 价 要 点	效果（A、B、C、D）			
		自评	师评	互评	家长评价
学习内容	1. 师生相处融洽，教师欣赏、悦纳学生，学生积极向上，表现出较强求知欲。 2. 活动内容丰富多样，紧扣语文课程；师生语文学习收获丰硕，学生不仅收获知识，身心均能得到锻炼和滋养。				
学习形式	1. 活动趣味性强，学生能在活动中获得丰富的语文学习体验。 2. 用多种形式以及多样化的活动，鼓励学生体验、实践、探索。鼓励学生在学中玩、玩中学，感受活动快乐，激发学习语文的兴趣。				

评价 内容	评 价 要 点	效果（A、B、C、D）			
		自评	师评	互评	家长评价
学生 参与度	1. 教师引导学生参与每一项活动时能够动脑、动手、动眼，力求让语文课堂"活起来"。 2. 每个学生都有充分展示自己语文能力的机会，天性得到舒展和释放。				
课程 体验	1. 教师用心启迪学生的智慧。 2. 学生能够在活动中提高语文口语交际能力，学会正确看待世界的方法，能够理解他人，大方得体地待人处世。				
文化 拓展	1. 活动能不断创新，成为语文课堂的延伸。 2. 活动富有文化底蕴，能与课本中的人文历史知识结合起来，挖掘语文深度，激发学生学习兴趣。				
学生 体验	1. 学生在轻松的氛围中活动，师生关系平等和谐。 2. 学生能在活动中感受语文的魅力，愿意在学习生活中运用语文。				
综合评价：					

三、多彩研学体验，让学习回归生活

多彩研学体验主要通过实践活动的开展，让学生在生活中学习。

（一）实践与应用活动主题：研学游活动、工业游活动、志愿者进社区活动、小红帽活动等。

（二）实践与应用活动评价内容：活动前的准备程度；活动中学生个体的参与度；活动后的总结反思、宣传报道。

（三）为充分调动学生参与多彩研学体验的积极性，更好地帮助教师设计妥帖的实践与应用主题活动，我们制定了多彩研学体验评价量表（见表8-5）。

表8-5 多彩研学体验评价量表

_____活动				
评价内容	评价等次（A、B、C、D）			
前期准备				
学生参与				

（续表）

评价内容	评价等次（A、B、C、D）			
总结反思				
宣传报的				

四、开设"多彩社团"，让学习丰富多彩

1. 国学社团，组织教师对优秀学生进行国学培训，参加蜀山区和合肥市的国学比赛；每学期开设10—15节的社团课，由学校安排专门的老师上课，例如邀请安徽大学文学院的老师开展"说文解字"的讲座，合肥师范学院文学院的古代汉语老师开展"音韵学"的讲座。

2. 文学创作社团，由两位毕业于重点大学的教师任辅导老师，采用"请进来，走出去"的方法开展辅导，定期请高校的写作老师和专业作家来校开展专题讲座，去科学岛、紫蓬山和巢湖等地开展采风活动，出过多个作品集。

3. 文学欣赏社团，每周一下午三节课后开课，由辅导老师带着学生开展形式多样的文学阅读。

4. 书法社团，外请书法专家在每周一下午开课，组织校园书法比赛和校内外书法展示活动。

语文的世界是丰富多彩的，语文学习不能止步在语文课堂，更不能用单一的教学模式束缚学生努力飞往蓝天的翅膀。只有挖掘学生学习语文的资源，拓宽学生学习语文的路径，拓展学生学习语文的空间，才能打破学生学习语文的枷锁，给予学生在更广阔的天空展翅翱翔的机会。

（撰稿人：张光华　许良兵　章兴义　方林霞）

后记

德国教育家第斯多惠说："教学艺术不在于传授的本领，而在于鼓励、唤醒、激励。"新课程理念下的语文教学，必须要紧密联系学生的生活实际，从学生已有的经验和知识出发，创设有助于学生自主学习、合作交流的情境，使学生通过实践观察、阅读分析、写作表达、交流反思等活动，激发学习兴趣，获得基本的语文知识和技能，发展思维能力和空间，增强语文学习的信心。《语文学习维度与学科课程设计》是合肥市蜀山区品质课程建设中语文学科的成果结晶。

《语文学习维度与学科课程设计》一书是学校课程建设历经"学习—实践—反思—整理"的真实可行的成长路径，集中体现了合肥市颐和中学、合肥市第十七中学、合肥市五十中学天鹅湖教育集团蜀外校区、合肥市五十中学天鹅湖教育集团天鹅湖校区、合肥市大柏中学、合肥市琥珀中学、合肥市小庙中学、合肥市五十中学东校等八所中学的课程经验，八个学习维度的有机会聚，因为不同的维度，形成蜀山区内多彩的语文。虽然维度不同，但却有着相同的追求，追求真正的"大语文"。

伴随科技水平的提升，社会对人才的要求也越来越高，需求量也随之增多，传统的应试教育形式已经跟不上时代发展的要求。2016年教育部审定的《义务教育教科书·语文》进行相应的改进，增加活动单元和"1+X"阅读、整本书阅读，《普通高中教科书·语文》增加活动单元和整本书阅读，把应用型知识融入到课堂教学内容中，同时在语文教材里也增加一些阅读欣赏。加大对教材、教学的改革力度，促使学生在不同的情境、多样的载体里接受更多的知识内容，以此提升学生的语文学科素养。教师要在课堂教学期间指导学生采用合理的方式进行学习，可以先将语文知识进行充分的研究，把知识细分为一个个能力点，之后针对这些能力点的核心内容来创建相应的脚手架，紧接着有针对性地设定学习任务，学生在经过分析、搜寻资料等环节完成学习任务之后，也就可对语文知识有一个全面的了解。

语文教学如何科学化、合理化？语文教师已经成为课程的组成部分，要让学生的语文学习与生活实际紧密结合，教师的语文教学应该结合学生的现实生活场景创设问题情境，积极探索基于情境、问题导向、深度思维、高度参与的教育教学模式，引导学生自主、合作、探究学习，培养学生用所学知识解决问题的能力。语文课中的很多素材都可以用于问题和情境，要引导学生真正感受到生活和语文是密切相关的，实现学以致用，做到在生活中学习语文、在生活中运用语文。

新教材使用以来，蜀山区中学语文教学做了大胆的改革和尝试，教师结合校情学情，根据自己对国家课程（人教版初中语文教材内容）的理解，为学生建立教学主题，再要求学生利用各种活动和合作交流来深入分析探究这些主题，并将自主学习中遇到的问题在课堂上提出来，以确立课堂学习目标，这样一来就可以提高学生自主学习的水平和课堂学习的质量。学生在自主分析、解决问题的基础上，对知识会有更加深入的了解。中学语文课程群建设，与中学语文教材的"综合性学习""活动·探究""大单元教学"等专项内容，相辅相成，相得益彰。

感谢上海市教育科学研究院杨四耕教授的引领与指导，感谢蜀山区教体局领导的关心与支持，感谢参与编写的学校的校长和老师们的辛苦付出。每一所中学的语文学科课程建设，都经历了教研组老师的商讨、实践、反思和改进；每一次的修改完善，都经过编辑老师和撰稿者的碰撞、切磋和论证，历经多轮修改、反复推敲，我们的编写才顺利完成。

在编写本书的过程中，深感语文学科课程建设的重要，更体会课程专业理论的欠缺，所存不妥之处请给予帮助并指正。

编　者

2021 年 3 月 10 日

"品质课程"阅读书目

学校整体课程规划	978-7-5760-0423-6	48.00	2022 年 1 月
推进育人方式变革的区域教学改进研究	978-7-5760-2314-5	56.00	2021 年 12 月
学校整体课程规划的七个关键	978-7-5760-0424-3	62.00	2021 年 3 月
课堂教学的 30 个微技术	978-7-5760-1043-5	52.00	2020 年 12 月
教学诠释学	978-7-5760-0394-9	42.00	2020 年 9 月
原点教学：提升区域育人质量的策略研究	978-7-5760-0212-6	56.00	2020 年 8 月

品质课程聚焦丛书

自组织课程：语文学科课程群新视角	978-7-5760-1796-0	48.00	2021 年 12 月
数学作为学习共同体：一种新的数学课程观	978-7-5760-1746-5	52.00	2021 年 12 月
学科育人的整体课程范式	978-7-5760-2290-2	46.00	2021 年 12 月
聚焦育人质量的学科课程设计	978-7-5760-2288-9	42.00	2021 年 11 月
活跃的学习图景：学校课程深度实施	978-7-5760-2287-2	48.00	2021 年 11 月
学科文化：英语学科课程新视角	978-7-5760-2289-6	48.00	2021 年 12 月
课程联结：学科课程群设计方法	978-7-5760-2285-8	44.00	2021 年 12 月
数学学科课程决策：专业视角	978-7-5760-2286-5	40.00	2021 年 12 月
特色项目课程：体育特色课程的校本建构	978-7-5760-2316-9	36.00	2021 年 12 月
进阶式探究课程设计：学科整合视角	978-7-5760-2315-2	38.00	2021 年 12 月

学校课程发展精品丛书

学科课程群与全经验学习	978-7-5760-0583-7	48.00	2021 年 1 月
育人目标与课程逻辑	978-7-5760-0640-7	52.00	2021 年 2 月
学科课程与深度学习	978-7-5760-0505-9	52.00	2021 年 2 月
学校课程的文化表情：百花园课程的学科指向与深度实施			
	978-7-5760-0677-3	38.00	2021 年 2 月
学校文化与课程变革	978-7-5760-0544-8	62.00	2021 年 2 月
语文天生重要：语文学科课程群设计	978-7-5760-0655-1	44.00	2021 年 2 月
五育并举的课程体系：致良知课程的旨趣与探索			
	978-7-5760-0692-6	48.00	2021 年 1 月

学科课程与育人质量	978-7-5760-0654-4	48.00	2021 年 1 月
在地文化与课程图谱	978-7-5760-0718-3	46.00	2021 年 2 月
中观课程设计与学科课程发展	978-7-5760-0624-7	36.00	2021 年 1 月
大教学：英语学科核心素养培育的课程模式	978-7-5760-0462-5	46.00	2021 年 1 月

特色学校聚焦丛书

儿童是天生的探索者：360° 科学启蒙教育	978-7-5675-9273-5	36.00	2020 年 2 月
做精神灿烂的教师：教师自我成长的 5 个密码	978-7-5760-0367-3	34.00	2020 年 7 月
让教育温暖而芬芳	978-7-5760-0537-0	36.00	2020 年 9 月
快乐教育与内涵生长	978-7-5760-0517-2	46.00	2020 年 12 月
故事教育与儿童发展	978-7-5760-0671-1	39.00	2021 年 1 月
美好教育：学校内涵发展的循证研究	978-7-5760-0866-1	34.00	2021 年 3 月
把美好种进儿童心田	978-7-5760-0535-6	36.00	2021 年 3 月
倾听生命的天籁："天籁教育"的实践与探索	978-7-5760-1433-4	38.00	2021 年 9 月
为了每一个孩子的美好心愿	978-7-5760-1734-2	50.00	2021 年 9 月
向着优秀生长："模范教育"的理念与实践	978-7-5760-1827-1	36.00	2021 年 11 月
让个性自然发荣滋长："引发教育"的理论寻源与实践探索			
	978-7-5760-2600-9	38.00	2022 年 3 月

跨学科课程丛书

大情境课程：主题设计与创意评价	978-7-5760-0210-2	44.00	2020 年 5 月
社会参与素养的培育模型与干预机制	978-7-5760-0211-9	36.00	2020 年 5 月
大概念课程：幼儿园特色主题活动设计	978-7-5760-0656-8	52.00	2020 年 8 月
项目学习：进入学科的课程智慧	978-7-5760-0578-3	38.00	2021 年 4 月
STEAM 课程的设计与实施	978-7-5760-1747-2	52.00	2021 年 10 月
幼儿个性化运动课程	978-7-5760-1825-7	56.00	2021 年 11 月
幼儿园特色课程的框架与实施	978-7-5760-2598-9	48.00	2022 年 3 月

核心素养导向的课堂教学丛书

转识成智的课堂教学：核心素养导向的历史教学			
	978-7-5760-0164-8	40.00	2020 年 5 月

学导式教学：学会学习的教学范式	978-7-5760-0278-2	42.00	2020 年 7 月
高阶思维教学的关键技术	978-7-5760-0526-4	42.00	2021 年 1 月
会呼吸的语文课：有氧语文的旨趣与实践	978-7-5760-1312-2	42.00	2021 年 5 月
高阶思维教学的核心指向	978-7-5760-1518-8	38.00	2021 年 7 月
磁性课堂：劳动技术课就这样上	978-7-5760-1528-7	42.00	2021 年 7 月
核心素养导向的作业设计	978-7-5760-1609-3	40.00	2021 年 8 月
语文，让精神更明亮	978-7-5760-1510-2	42.00	2021 年 9 月
"六会"教学法：基于核心素养的课堂教学	978-7-5760-1522-5	42.00	2021 年 9 月

特色课程建设丛书

教师，生长的课程	978-7-5760-0609-4	34.00	2020 年 12 月
学校课程发展的实践范式	978-7-5760-0717-6	46.00	2020 年 12 月
丰富学习经历：如歌式课程的愿景与深度	978-7-5760-0785-5	42.00	2020 年 12 月
学科课程群设计方法	978-7-5760-0579-0	44.00	2021 年 3 月
学校美育课程的立体建构：菁华园课程的逻辑与框架			
	978-7-5760-0610-0	36.00	2021 年 3 月
关键学习素养与学科课程设计	978-7-5760-1208-8	34.00	2021 年 4 月
学校课程设计：愿景建构与深度实施	978-7-5760-1429-7	52.00	2021 年 4 月
生长性课程：看见儿童生长的力量	978-7-5760-1430-3	52.00	2021 年 4 月
"慧阅读"课程：儿童视角	978-7-5760-1608-6	42.00	2021 年 6 月
诗意栖居的课程愿景：智慧岛课程的逻辑与深度			
	978-7-5760-1431-0	44.00	2021 年 7 月
每一个孩子都是最重要的人：V–I–P 课程的内在意蕴与学科视角			
	978-7-5760-1826-4	54.00	2021 年 8 月
给每一个孩子带得走的能力：井养式课程的旨趣与探索			
	978-7-5760-1813-4	42.00	2021 年 10 月
指向核心素养的课程统整框架：I AM BEST 课程的学科之维			
	978-7-5760-1679-6	48.00	2021 年 11 月